www.tredition.de

AF177048

Jürgen Tichy

# Von der Freiheit zur Verantwortung

www.tredition.de

Verlag und Druck: tredition GmbH, Halenreie 40-44, 22359 Hamburg

ISBN
Paperback:     978-3-347-23757-5

# Inhalt

# 1. Prolog

Vor 40 Jahren starb ein heute fast vergessener deutscher Philosoph, der in seinem 80-jährigem Leben so viele Ideen entwickelte, die noch heute an Aktualität nichts verloren haben: Erich Fromm.

Ein deutscher Jude, und ganz im Gegensatz zum Klischee vom geldgierigen und geschäftstüchtigen Juden war die jüdische Welt, aus der Fromm kam und mit der er sich bis zum Lebensende verbunden wusste, im wahren Sinne des Wortes „religiös": Sie konzentrierte sich auf jene Kräfte und Quellen im Menschen, die über sein „Seelenheil" entscheiden.

In seiner Biographie führte Fromm als Beispiel für diese Lebenseinstellung gern eine kleine Geschichte an, die von seinem Urgroßvater erzählte: Dieser Urgroßvater war Schriftgelehrter und Talmud-Forscher und verdiente sich seinen Lebensunterhalt mit einem kleinen Laden, und er verdiente sehr wenig dabei.

„Eines Tages bekam er ein Angebot, dass er, wenn er etwas reisen würde, etwas mehr verdienen könnte. Er lehnte ab, da er dann mindestens 3 Tage im Monat abwesend wäre, an denen er dann nicht studieren könnte".

Hier zeigt sich der Kernpunkt in Fromms Lebensauffassung – die Ablehnung der primären Ausrichtung auf den Gelderwerb. Seine Kräfte für den Gelderwerb einzusetzen, ist in Fromms Augen verlorenes Leben und bedeute Verlust des Seelenheils.

Fromm war kein Kind der Erwerbsgesellschaft, Geschäfte interessierten ihn nicht, und zwar nicht deshalb, weil er genug Geld hatte, sondern weil sie ihn wichtige Kräfte gekostet hätten.

Kurz vor seinem Tode bekannte Fromm in einem Interview: „Das Wesentliche eigentlich ist, dass ich mir den Morgen, seit ich denken kann, für die theoretische Arbeit reserviert habe, also die Regel eingehalten habe: keine Tätigkeit am Morgen für geldeinbringende Dinge. Ich habe immer das Gefühl gehabt, der Morgen ist sozusagen heilig für das Denken und indifferent zum Verdienst".

Tatsächlich arbeitete Fromm als Psychotherapeut – also für den Gelderwerb – nur nachmittags, nie morgens. Der Morgen war reserviert für das Studium.

Für diese Einstellung wurde Fromm von vielen Seiten angegriffen. Lebensgefühl und Lebenspraxis Erich Fromms reizen tatsächlich zum Widerspruch und provozieren Widerstand und zwar gerade vom Standpunkt des „gesunden Menschenverstandes" aus. Fromm nimmt für sich nichts anderes in Anspruch als das Recht auf eine Lebensgefühl und eine Lebenspraxis, die das, was dem „gesunden Menschenverstand" entspricht und was das „Selbstverständlichste auf der Welt" ist, eher dem Absonderlichem, dem Perversen zuordnet.

Fromm hat das Bekenntnis, dass eine Welt, deren Ziel es ist, möglichst viel Geld zu verdienen, seinem Gefühl nach eher eine Perversion ist.

Fromm formulierte diese Lebenseinstellung so: „Erst in der Negation des Vorfindlichen und im Verzicht auf die Anpassung an den „gesunden Menschenverstand" des Zeitgeistes kann die alternative Lebenspraxis in ihrer Eigenwertigkeit und schöpferischen Kraft erfahren werden und braucht nicht als etwas Skurriles, Perverses oder gar Auszurottendes abgewertet und abgewehrt werden".

Oder wie es Rainer Funk – Fromms Biograph – formulierte:

„Das Genuine und Schöpferische hat nur in der Abgrenzung vom Mehrheitlichen und in der Negation des Vorfindlichen und allgemein Akzeptierten eine Chance".

Dabei ist gerade das orthodoxe Judentum besonders prädestiniert, jene eigenartig dialektische Erfahrung zu vermitteln, dass Genuines und Schöpferisches nur durch die Negation des erkannten Vorfindlichen ensteht.

Mit Marx´s Dialektik und Freuds Psychoanalyse im Gepäck machte sich Fromm auf, für sich eine Lebenspraxis zu erwerben, die sich nicht am Gelderwerb – dem Haben - orientiert, sondern herausstellt, dass es darauf ankommt, die am Haben orientierte Lebensführung als etwas Entfremdetes, also als etwas Negatives zu erkennen und durch eine diese Lebenspraxis negierende Praxis aufzuheben.

Und dabei ist es wichtig zu erkennen, dass die Aufhebung der Haben-Orientierung durch eine negierende Praxis nicht durch eine Orientierung am Nicht-Haben, sondern am Sein erfolgt.

Nur so ist es nach Fromm möglich, dass die eigenen Möglichkeiten und Kräfte, also das gesamte schöpferische Potential zur Entfaltung gebracht wird, was Unabhängigkeit und Selbständikeit generiert.

Das Ziel menschlicher Entwicklung ist also nicht die Anpassung des einzelnen an die ökonomischen und gesellschaftlichen Erfordernisse, sondern die tatkräftige Gestaltung jener gemäß der Erfordernis einer optimalen und ganzheitlichen Entfaltung des Einzelnen.

Dieses Essay soll den werten Leser darüber in Kenntnis setzen, wie Fromm zu dieser Erkenntnis gekommen ist und wie er daraus eine Lebensphilosophie entwickelte, die auch noch heute Gültigkeit und Bedeutung hat.

Darüberhinaus soll aufgezeigt werden, wie die Frommsche Furcht vor der Freiheit und Freuds Triebtheorie dafür sorgen, dass bis zum heutigen Tag die Verantwortung des Menschen für sein Tun und Unterlassen so wenig Beachtung findet.

Ich werde dabei zwangsläufig auf meine Ausführungen in meinem Buch "Die verantwortungslose Gesellschaft – Plädoyer eines Gutmenschen" aus dem

Jahre 2008 zurückkommen, um festzustellen, wie aktuell meine Aussagen bis heute sind und wie wenig sich das Verhalten der Menschen seitdem verändert hat – in Richtung: mehr Verantwortung übernehmen!

## 2. Fromms talmudischer Weg zur Erkenntnis

Der Weg zur eigenen Identität und wissenschaftlicher Kreativität führte bei Fromm über die Identifizierung mit jener spezifisch jüdischen Lebenspraxis, die ihm von den Vorfahren vermittelt wurde.

Zeitlebens faszinierten Fromm die Propheten, denn bei ihnen fand er jene negierende Lebenspraxis vorgezeichnet, die er in seinem religiösen Interesse suchte.

Später fasste er dieses Interesse einmal in folgenden Worten zusammen: „Menschen, die Ideen verkündigen und diese Ideen auch leben, kann man als Propheten bezeichnen.

Die Propheten im Alten Testament taten dies: sie haben die Idee verkündigt, dass der Mensch eine Antwort auf die Probleme seiner Existenz finden müsse, und dass die Antwort in der Entwicklung seiner Vernunft und Liebe bestehe; und sie haben gelehrt, dass Demut und Gerechtigkeit nicht von Liebe und Vernunft zu trennen ist. Sie lebten, was sie verkündeten. Sie strebten nicht nach Macht, sondern gingen ihr aus dem Weg. Macht beeindruckte sie nicht, und sie verkündeten die Wahrheit auch dann, wenn diese ihnen Gefangenschaft, Verbannung oder Tod eintrug".

Auf diesem Erkenntnisweg im Talmud hatte Fromm viele Begleiter, von denen er viel lernte und von denen hier nur stellvertretend Leo Löwenthal, Ernst

Simon und seine Lehrer Nehemia Nobel und Salman Baruch Rabinkow genannt werden sollen.

Rabinkow war es, der Fromms humanistisches Bild formte, das er später mit Hilfe seiner psychoanalytischen und sozialpsychologischen Untersuchungen zu verifizieren versuchte. Die Fähigkeit des Menschen zur Liebe, zur Autonomie, zur Selbstverkommnung aufgrund gelebter Selbständigkeit wurden für Fromm die zu verfolgenden Wege der Humanität.

Für Rabinkow und Fromm galt:

Nur bei einer Lebenspraxis, bei der alle Lebensbereiche – das Wirtschaften, der Vergesellschaftungsformen und die Wertvorstellungen – das Materielle, das Psychische und das Geistige – von ein und derselben humanistischen Orientierung geprägt werden und darum in sich stimmige Einheit bilden, werden sich die humanen Fähigkeiten entfalten.

Mit dieser These grenzten sich Rabinkow und Fromm vom Zeitgeist alternativ ab, um das „autonome Individuum" bzw. die „Entfaltung der produktiven Kräfte der Vernunft und Liebe" zu ermöglichen.

Um dieses hehre Ziel zu erreichen, lagen noch viele Jahre vor Fromm, denn er musste auf dem Weg dorthin viele Stolpersteine aus dem Weg räumen, was nur dadurch geschehen konnte, dass Fromm sich nicht scheute, „durch die Hölle des Negativen" zu gehen.

## 3. Instinkte und Leidenschaften

Ein wesentlicher Ausgangspunkt für Fromms Lebensphilosophie war seine Beschäftigung mit der menschlichen Aggressivität.

Ziehvater dieser Überlegungen war Konrad Lorenz, der in seinem Buch „Das sogenannte Böse" auf dem Gebiet der tierischen Verhaltensforschung den Grundstein auch für das Erforschen des menschlichen Verhaltens legte.

Die Grundthese lautete: Das aggressive Verhalten des Menschen, wie es sich im Krieg, Verbrechen, persönlichen Streitigkeiten und in allen Arten destruktiven und sadistischen Verhalten manifestiert, entspringt einem angeborenem Instinkt, der sich zu entladen sucht und auf den geeigneten Anlass wartet, sich Ausdruck zu verschaffen.

Die Lorenzüberlegungen hatten dabei nicht deshalb großen Widerhall, weil sie stichhaltig waren, sondern weil die Leute so empfänglich für sie waren.

Was könnte für Menschen, die sich fürchten und die sich unfähig fühlen, den zur eigenen Zerstörung führenden Lauf der Dinge zu ändern, willkommener sein als eine Theorie, die uns versichert, dass die Gewalt aus unserer tierischen Natur kommt und dass wir nichts Besseres tun können, als dieses Evolutionsgesetz zu verstehen.

Diese Theorie von einer angeborenen Aggressivität wird leicht zur Ideologie, die uns hilft, die Angst vor dem zu beschwichtigen, was uns droht und das Gefühl der Machtlosigkeit zu rationalisieren.

Fromm ist diesen Thesen instinktiven Verhaltens in seinem Buch „Anatomie der menschlichen Destruktivität" nachgegangen.

Dabei stellte er den damaligen Kampf zwischen den Wissenschaftlern des Instinktivismus wie Lorenz und den Wissenschaftlern des sogenannten Behaviorismus gegenüber, einer Theorie, die sich nicht für die subjektiven Kräfte interessiert, die den Menschen dazu antreiben, sich in einer bestimmten Weise zu verhalten, sondern sie interessierten sich nur für die Art, wie der Mensch sich verhält und mit seiner sozialen Konditionierung, die sein Verhalten formt.

Fromm war es nun, der aufzeigte, dass es eine Sichtweise jenseits von Lorenz und Spinner, dem Verfechter des Behaviorismus, gibt.

Nach seiner Auffassung müssen wir bei dem Menschen zwischen zwei völlig verschiedenen Arten von Aggression unterscheiden.

Die erste Art, die er mit den Tieren gemein hat, ist ein instinktiver Impuls anzugreifen oder zu fliehen, sobald lebenswichtige Interessen bedroht sind. Diese defensive „gutartige" Aggression dient dem Überleben des Individuums, sie ist biologisch angepasst und erlischt, sobald die Bedrohung nicht mehr vorhanden ist.

Die andere Art, die „bösartige" Aggression, d.h. die Destruktivität und Bösartigkeit ist spezifisch für den

Menschen und fehlt faktisch bei fast allen Säugetieren. Sie ist nicht instinktiv und nicht biologisch angepasst, sie dient keinem Zweck, und ihre Befriedigung ist lustvoll.

Das Studium von Tieren zeigt, dass die Säugetiere – und besonders die Primaten - zwar ein gutes Maß an defensiver Aggression besitzen, aber keine Mörder und Folterer sind.

Der Mensch unterscheidet sich vom Tier dadurch, dass er ein Mörder ist. Er ist der einzige Primat, der seine Artgenossen ohne biologischen oder ökonomischen Grund tötet und quält und der dabei Befriedigung findet.

Es ist diese biologisch nicht angepasste und nicht instinktive „bösartige" Aggression, die das wirkliche Problem und die Gefahr für das Fortleben der Spezies Mensch ist.

Die Unterscheidung zwischen gutartig-defensiver und bösartig-destruktiver Aggression verlangt aber nach einer weiteren grundsätzlicheren Unterscheidung, nämlich zwischen Instinkt und Charakter, wobei der Charakter die „zweite Natur" des Menschen ist, der Ersatz für seine nur schwach entwickelten Instinkte.

Kurz: die Instinkte sind die Antworten auf die physiologischen Bedürfnisse des Menschen, aber seine im Charakter verwurzelten Leidenschaften (wie der Drang nach Liebe, Zärtlichkeit, Freiheit, Zerstörungslust, Sadismus, Masochismus, die Gier nach Macht und Besitz) sind Antworten auf seine existentiellen Bedürfnisse und sind spezifisch menschlich.

Dabei gilt es zu bedenken, dass das lange geltende Axiom, dass ein Motiv nur dann intensiv ist, wenn es einem organischem Bedürfnis dient, also nur Instinkte eine intensive Motivation besitzen, nicht mehr haltbar ist. Vielmehr muss man verstehen, dass die Leidenschaften des Menschen im Zusammenhang mit ihrer Funktion für den Lebensprozess des ganzen Organismus gesehen werden müssen. Ihre Intensität beruht nicht auf spezifischen physiologischen Bedürfnissen, sondern auf dem Bedürfnis des Gesamtorganismus, weiterzuleben und körperlich wie geistig zu wachsen.

Die Leidenschaften in uns werden nicht erst mächtig, nachdem unsere physiologischen Bedürfnisse befriedigt sind. Sie wurzeln im Menschen und sind keineswegs nur eine Art Luxus, den wir uns gestatten können, nachdem unsere normalen „niedrigen" Bedürfnisse befriedigt sind.

Diese nicht triebbedingten Leidenschaften erregen den Menschen, feuern ihn an, machen ihm das Leben lebenswert, wie der französische Philosoph Holbach einmal gesagt hat:

„Ein Mensch ohne Leidenschaften und Wünsche würde aufhören, ein Mensch zu sein".

Die Leidenschaften des Menschen sind keine banalen psychologischen Komplexe, die aus Kindheitstraumata – also z.B. auch durch die Freudsche Psychoanalyse – hinreichend zu erklären sind. Man begreift sie nur, wenn man über den Bereich der reduktionistischen Psychologie hinausgeht und sie als das erkennt, was sie sind: der Versuch des Menschen seinem Leben einen Sinn zu geben und das Äußerste an Intensität und Kraft zu erleben, was unter den gegebenen Verhältnissen möglich ist (oder was er für möglich hält).

Aber obwohl die lebensfördernden Leidenschaften zu einem erhöhten Kraftgefühl, zu größerer Lebensfreude führen als die Destruktivität und Grausamkeit, sind diese doch ebenso eine Antwort auf das Problem der menschlichen Existenz wie jene. Auch der sadistischste und destruktivste Mensch ist ein Mensch. Das bedeutet nicht, dass Destruktivität und Grausamkeit keine Laster wären; sie besagen nur, dass das Laster menschlich ist.

Das zu begreifen heißt nicht, sie zu verzeihen. Doch solange wir sie nicht verstehen, haben wir nicht die Möglichkeit zu beurteilen, wie sie einzudämmen sind und welche Faktoren die Tendenz haben, sie zu verstärken.

Wir müssen also die Bedingungen dafür schaffen, dass die Entwicklung des Menschen, jenes unvollendeten Wesens – wie es einzig in der Natur vorhanden ist – zum obersten Ziel aller sozialen Bestrebungen gemacht wird.

## 4. Die Furcht vor der Freiheit

Dies war der Titel eines Buches, in dem Fromm nach seiner Emigration 1933 in die USA versuchte, die Charakterstruktur des Menschen und die Probleme der Wechselwirkung zwischen psychologischen und soziologischen Faktoren zu behandeln. Hierbei war es ihm besonders wichtig – der zweite Weltkrieg drohte – die Bedeutung der Freiheit für den modernen Menschen zu betrachten.

Dabei betonte er, dass man die Bedeutung der Freiheit nur begreifen könnte, wenn man die gesamte Charakterstruktur des Menschen versteht, was aus seiner Sicht wissenschaftlich zu der Zeit nicht abgearbeitet worden sei.

Ausgehend von der These, dass die reale Grundlage des gesellschaftlichen Prozesses das Individuum sei, mit seinen Wünschen und Ängsten, seinen Leidenschaften, seiner Vernunft, seiner zum Guten und zum Bösen, könne man nach seiner Meinung die Dynamik der gesellschaftlichen Prozesse nur verstehen, wenn man die psychologischen Prozesse, die sich Individuum abspielen, versteht.

Ausgehend von dieser Annahme entwickelt Fromm folgende Arbeitsthese über die menschliche Freiheit: „Der moderne Mensch hat sich, nachdem er sich von den Fesseln der vor-individualistischen Gesellschaft befreit hat, die ihm gleichzeitig Sicherheit gab und Grenzen setzte, noch nicht die Freiheit – verstanden als positive Verwirklichung seines individuellen Selbst errungen, d.h. er hat noch nicht gelernt, seine intellektuellen und emotionalen Möglichkeiten voll zum Ausdruck zu bringen.

Die Freiheit hat ihm zwar Unabhängigkeit und Rationalität ermöglicht, ihn aber isoliert und dabei ängstlich und ohnmächtig gemacht. Diese Isolierung kann der Mensch nicht ertragen, und er sieht sich daher vor die Alternative gestellt, entweder der Last seiner Freiheit zu entfliehen und sich aufs neue in Abhängigkeit und Unterwerfung zu begeben oder voranzuschreiten zur vollen Verwirklichung jener positive Freiheit, die sich auf die Einzigartigkeit und Individualität des Menschen gründet.

Aber schon der Titel des Buches – Die Furcht vor der Freiheit – deutet an, dass Fromm die erste Alternative für die wahrscheinlichere hält.

Doch ein Hoffnungsschimmer bleibt: Fromm bezeichnet seine Arbeit eher als Diagnose als eine Prognose, eher eine Analyse als eine Lösung.

Er stellt aber zu Beginn seines Buches mögliche Ergebnisse der Diagnose/Analyse in Aussicht, die unser Handeln beeinflussen können, denn nur wenn wir die Gründe für die totalitäre Flucht vor der Freiheit erkennen, können wir uns so verhalten, dass wir die totalitären Kräfte besiegen.

Den aufkommenden Faschismus vor Augen basierten Fromms Überlegungen über die Freiheit des Menschen auf der Erkenntnis, dass der Faschismus ein politisches gesellschaftliches System darstellt, das seinem Wesen nach nicht an die rationale Kräfte des Menschen appelliert, sondern das im Menschen diablische Kräfte weckt und mobilisiert, von deren Existenz wir nicht wissen.

An dieser Stelle entdeckte Fromm Freud, den er persönlich nie kennenlernte.

Freud war es, der die Aufmerksamkeit mehr als jeder andere auf die Beachtung und Analyse der irrationalen und unbewussten Kräfte, die das Verhalten des Menschen maßgeblich mitbestimmen, gelenkt hat.

Er hat in der modernen Psychologie nicht nur den irrationalen und unbewussten Bereich der menschlichen Natur entdeckt, dessen Existenz der sogenannte Rationalismus übersehen hatte, Freud hat auch gezeigt, dass die irrationalen Phänomene bestimmten Gesetzen folgen und daher rational zu verstehen sind. Er hat uns gelehrt, die Sprache der Träume ebenso wie die Irrationalitäten im menschlichen Verhalten zu verstehen. Er hat entdeckt, dass sowohl das irrationale Verhalten des Menschen als auch seine gesamte Charakterstruktur die Reaktion auf Einflüsse ist, welche die Außenwelt insbesondere während seiner frühen Kindheit auf ihn ausübte.

Freud ging vom Zwiespalt zwischen Mensch und Gesellschaft aus und von der Lehre, dass der Mensch von Natur aus böse und antisozial sei.

Die Gesellschaft muss ihn erst domestizieren – ganz nach Thomas Hobbes´ Credo: Homo homini lupus.

Die Gesellschaft muss nach Fromm zwar die direkte Befriedigung einiger biologischer und daher unausrottbarer Triebe zulassen, aber sie muss die meisten Basisimpulse im Menschen "verfeinern".

Infolge dieser Unterdrückung der natürlichen Impulse durch die Gesellschaft entsteht etwas Wunderbares:

Die unterdrückten Triebe verwandeln sich in kulturell wertvolle Strebungen – Freud nannte das Sublimierung – und werden so zur Grundlage der menschlichen Kultur.

Wenn dann mehr von den Trieben unterdrückt werden müssen als sublimiert warden können, so wird der Betroffene neurotisch.

Das heißt also auch: Je größer die Unterdrückung, um so mehr Kultur und um so größer die Anzahl neurotischer Menschen.

Nach Freud ist der Mensch mit biologischen Trieben ausgestattet, die unbedingt befriedigt werden müssen. Um sie zu befriedigen, tritt er mit anderen Menschen "in Beziehung". Diese Menschen sind ihm stets Mittel zum Zweck der Triebbefriedigung – die Befriedigungen haben keinen Selbstzweck.

Und hier setzt die Kritik Fromms an Freud an.

Er ist der Überzeugung, dass das Schlüsselproblem der Psychologie die spezifische Art der Bezogenheit des Individuums zu seinem Umfeld und nicht die Befriedigung oder Nichtbefriedigung dieses oder jenes triebhaften Bedürfnisses an sich ist.

Außerdem geht Fromm von der Annahme aus, dass die Beziehung zwischen Individuum und Gesellschaft keine statische, einmal festgelegte ist.

Es ist nicht so, als ob es da einerseits einen Einzelmenschen gäbe, der von der Natur mit bestimmten Trieben ausgestattet wurde und andererseits die Gesellschaft als etwas, das außerhalb von ihm existiert und diese angeborenen Strebungen entweder befriedigt oder unbefriedigt lässt.

Wenn es auch gewisse allen Menschen gemeinsame Bedürfnisse gibt, wie etwa Hunger, Durst und Sexualität, sind jene Triebe, welche die Unterschiede im Charakter des Menschen bedingen – etwa Liebe und Hass, Streben nach Macht und das Verlangen, sich zu unterwerfen – sämtlich Produkte des gesellschaftlichen Prozesses.

Die schönsten wie auch die abscheulichsten Neigungen des Menschen sind kein festgelegter, biologisch gegebener Bestandteil seiner Natur, sondern das Resultat des gesellschaftlichen Prozesses.

Der Mensch ist der Agierende in diesem Prozess: er schafft Geschichte, und hier beginnt das Aufgabenfeld der Sozialpsychologie.

Die Aufgabe besteht darin, nicht nur zu zeigen, wie die Leidenschaften, Wünsche und Ängste sich als Resultat des gesellschaftlichen Prozesses ändern und entwickeln, sondern auch wie die so in bestimmte Formen geprägten Energien des Menschen ihrerseits zu Produktivkräften werden, welche den gesellschaftlichen Prozess in seiner fortwährenden Dynamik formen.

Zusammenfassend kann man sagen:

Geschichte ist immer Resultat psychologischer Kräfte, die ihrerseits gesellschaftlich bedingt sind: "Society creates history".

Und die Geschichte des Menschen in seiner Entwicklung vom Kind zum Erwachsenen ist auch ein Prozess wachsender menschlicher Freiheit, der jedoch dialektisch abläuft:

Auf der einen Seite handelt es sich um einen Prozess der zunehmenden Stärke, der Beherrschung der Natur und der zunehmenden Anwendung der Vernunft. Zum andern bedeutet aber diese wachsende Individualisierung auch eine zunehmende Isolierung. Unsicherheit und zunehmende Zweifel an der eigenen Rolle im Weltgeschehen, am Sinn des eigenen Lebens und ein wachsendes Gefühl der eigenen Ohnmacht und Bedeutungslosigkeit als Individuum.

Sieht man aber die Entwicklung der Menschheit an, so zeigt sich doch deutlich, dass dies kein harmonischer Prozess war, der in jedem Fall zu starken Individuen geführt hat.

Im Gegenteil. Die Geschichte der Menschheit ist gekennzeichnet durch Konflikte und Kämpfe. Jeder

Schritt zum Individuum wird von Unsicherheiten bedroht.

Es gibt nur eine einzige produktive Lösung für die Beziehung des Menschen zu seiner Umwelt: seine aktive Solidarität mit den Mitmenschen und sein spontanes Tätigsein, Liebe und Arbeit, die ihn wieder mit der Welt einen, nicht durch primäre, instinkthafte Bindungen, sondern als freies, unabhängiges Individuum.

Wenn jedoch die wirtschaftlichen, gesellschaftlichen und politischen Bedingungen, von denen der gesamte Prozess menschlicher Verselbständigung und Individualisierung abhängt, keine Grundlage für die Verwirklichung der Individualität bieten, während die Menschen gleichzeitig die Bindungen verloren haben, die ihnen Sicherheit boten, dann macht dieser "leere Raum" die Freiheit zu einer unerträglichen Last.

Sie wird dann gleichbedeutend mit Zweifel, mit einem Leben ohne Sinn und Richtung.

Es entstehen dann machtvolle Tendenzen, vor dieser Art von Freiheit in die Unterwerfung oder in irgendeine Beziehung zu anderen Menschen zu fliehen, die eine Milderung der Isolation und Unsicherheit verspricht, selbst wenn sie den Menschen seiner Freiheit beraubt.

## 5. Die beiden Seiten der Freiheit

Fromms durchaus gespaltenes Verhältnis zur Freiheit beruhte primär auf einer Konstruktion, die er selbst erfunden hatte.

Hinlänglich verbreitet unter den Denkern war durchaus die Annahme, dass die Freiheit zwiespältig sein könne, dass sie einerseits den Menschen von Zwängen befreit, ihn zur Selbstverwirklichung hilft, ihn aber andererseits auch in die Isolation oder aus Angst in die Unterwerfung neuer Autoritäten drängt.

Bei dieser unterschiedlichen Bewertung der menschlichen Freiheit schwingt aber immer der Glaube mit, dass der Mensch die Kraft zur positiven Freiheit findet.

Bei Fromm geht von den beiden Seiten der Freiheit die negative als die allemal stärke Seite hervor. Sie dominiert den menschlichen Freiheitswillen und behindert ihn.

Nach Fromm hat der Mensch zwar in vielen Bereichen eine gewisse Freiheit erreicht,  weil er sich "alte Feinde vom Halse geschaffen hat".

Was er aber nicht geschafft hat ist, die inneren Feinde zu besiegen, die dafür sorgen, dass wir "uns den Erwartungen entsprechend verhalten, die andere an uns stellen".

Mit anderen Worten:

"Wir sind von der Zunahme unserer Freiheit von Mächten außerhalb unserer selbst begeistert und sind blind für die inneren Zwänge und Ängste, die die Bedeutung der Siege, welche die Freiheit gegen ihre tradiotionellen Feinde gewonnen hat, zu unterminieren drohen".

Fromm leitet aus dieser Haltung des Menschen die Gefahr ab, das er offensichtlich in der Lage ist, in Einklang zu bringen, "dass er objektiv gesehen sich in den Dienst von Zielen stellt, die nicht die seinen sind und trotzdem subjektiv der Meinung ist, er diene seinem Selbstinteresse".

Diese Irreführung im Freiheitsstreben führte nach Fromm letztlich auch zum Sieg der Faschisten.

Nach Fromm ist der Mensch de facto nie frei, denn auch der Kapitalismus, also die Wirtschaftsform, in der wir leben, sorgt für diese Unfreiheit.

So schreibt er in seinem Buch "Die Kunst des Liebens":

"Der modern Kapitalismus braucht Menschen, die in großer Zahl reibungslos funktionieren, die immer mehr konsumieren wollen, deren Geschmack standadisiert ist und leicht vorauszusehen und beeinflusst werden kann. Er braucht Menschen, die sich frei und unabhängig vorkommen und meinen, für sie gäbe es keine Autorität, keine Prinzipien und kein Gewissen und die trotzdem bereit sind, sich kommandieren zu lassen, zu tun, was man von ihnen erwartet und sich reibungslos in die Gesellschaftsmaschinerie einzufügen; Menschen, die sich führen lassen, ohne dass man Gewalt anwenden muss, die sich ohne Führer führen lassen und die kein eigentliches Ziel haben außer dem, zu funktionieren und voranzukommen".

In dieser "formierten" Gesellschaft, in der wir fast alles machen können, sind wir nicht mehr weit entfernt von Aldous Huxleys Ausführungen in "Schöne neue Welt" aus dem Jahre 1946:

"Der Mensch ist gut genährt, gut gekleidet und sexuell befriedigt, aber ohne Selbst und steht nur in einem höchst oberflächlichen Kontakt mit seinen Mitmenschen".

Diesen Antagonismus von Freiheit und Unfreiheit finden wir auch im philosophischen Denken der Neuzeit. So waren für Kant und Hegel Autonomie und Freiheit des Individuums zentrale Postulate ihres Systems, während sie andererseits den einzelnen den Zwecken eines allmächtigen Staates unterordneten.

Die Philosphen der Französischen Revolution und die des 19. Jahrhunderts, wie Feuerbach, Marx, Stirner und Nietzsche, haben dann wieder in kompromissloser Weise der Idee Ausdruck verliehen, dass der Mensch nicht zu Zwecken verwendet werden dürfe, die außerhalb seiner eigenen Entfaltung lägen.

Kiergegaard beschreibt das hilflose, von Zweifeln geplagte und zerrissene Individuum, das vom Gefühl seiner Einsamkeit und Bedeutungslosigkeit überwältigt ist, und Nietzsche hält uns den aufkommenden Nihilismus vor Augen, der dann im Nazismus akut werden sollte und zeichnet das Bild eines "Über-menschen" als Negation des unbedeutenden, richtungslosen Individuums.

Aber dieses Gefühl der Isolierung und Ohnmacht des einzelnen wird vom normalen Durchschnittsmenschen nicht bewusst wahrgenommen.

Dazu ist es zu angsterregend. Er überdeckt es mit der Routine seiner Alltagstätigkeit, mit der Beschäftigung und Anerkennung, die er in seinem privaten und gesellschaftlichen Beziehungen findet.

Aber das Pfeifen im Dunkeln macht die Nacht noch nicht hell. Einsamkeit und Angst und innere Unruhe bleiben, und die kann der Mensch auf Dauer nicht ertragen. Er kann die Last der Freiheit "von" nicht immer weitertragen. Er muss versuchen, der Freiheit ganz zu entfliehen, wenn es ihm nicht gelingt, von der negativen zur positiven Freiheit zu gelangen.

Die bevorzugte Möglichkeit, die uns die Gesellschaft als Fluchtweg anbietet,

ist die Unterwerfung unter einem Führer im Faschismus oder die "zwanghafte Konformität" in der Demokratie.

Nach Fromms Auffassung hat sich der Mensch von den äußeren Fesseln befreit, die ihn daran hindern könnten, das zu tun und zu denken, war er für richtig hält. Er möchte die Freiheit haben, nach seinem eigenen Willen zu handeln, wenn er nur wüsste, was er will, denkt und fühlt.

Er richtet sich dabei nach anonymen Autoritäten und nimmt ein Selbst an, dass nicht das seine ist. Je mehr er das tut, um so ohnmächtiger fühlt er sich, um so mehr sieht er sich gezwungen sich anzupassen.

Trotz allem dick aufgetragenen Optimismus und trotz aller äußerlichen Initiative ist der heutige Mensch vom Gefühl einer tiefen Ohnmacht erfüllt, so dass er wie gelähmt herannahenden Katastrophen entgegenstarrt.

## 6. Fromm, Freud und Marx

Fromm ist der Meinung, dass die Psychoanalyse imstande ist, den historischen Materialismus durch die Kenntnis eines im Gesellschaftsprozess entscheidenden Faktor zu bereichern, nämlich durch die Analyse der menschlichen Struktur, d.h. seiner Natur.

Danach sind die sozialpsychologischen Erscheinungen aufzufassen als Prozess der aktiven und passive Anpassung des Triebapparates an die sozialökonomische Situation.

Der Triebapparat selbst ist biologisch vorgegeben, aber modifizierbar, und den ökonomischen Bedingungen kommt die Rolle primär formenden Faktoren zu.

Die Familie ist das wesentliche Medium, durch das die ökonomische Situation ihren formenden Einfluss auf die Psyche des einzelnen Menschen ausübt.

Die Sozialpsychologie hat nun die Aufgabe, die gemeinsamen sozial relevanten seelischen Haltungen und Ideologien und insbesondere deren unbewusste Wurzeln aus der Einwirkung der ökonomischen Bedingungen auf die libidinösen Strebungen zu erklären.

Aufgrund der Analyse kommt Fromm zu dem Schluss, dass die analytische Psychologie den menschlichen Faktor – die Triebwelt, die aktive und passive Rolle des Menschen - im gesellschaftlichen Prozess untersucht.

Die analytische Sozialpsychologie ermöglicht dadurch das volle Verständnis des ideologischen Überbaus aus dem zwischen Gesellschaft und Natur sich abspielenden Prozesses.

Hiermit bewegt sich Fromm im Spannungsfeld zwischen Freuds psychoanalytischen und Marxens philosophisch-soziologischen und ökonomischen Untersuchungen.

Das Problem der "menschlichen Natur" steht im Zentrum dieser Untersuchungen. Nach den Freudschen Analysen der triebhaften Natur des Menschen musste man Antworten auf viele Fragen bezüglich der Bestimmungen sowohl der individuellen als auch sozialen menschlichen Existenz geben.

Bezüglich des zentralen Problems der menschlichen Natur lehnte sich Fromm hauptsächlich an die Resultate Freuds an, wobei er bestrebt war, dessen Biologismus zu vermeiden und seine Resultate in eine gewisse Verknüpfung zur Marxschen Erklärung der historischen Entwicklung zu bringen.

Fromm erklärt: "Der grundlegende Unterschied zwischen Marx und Freud liegt in ihrem jeweiligen Begriff von der Natur der den Menschen bestimmenden Kräfte. Für Freud sind sie im wesentlichen physiologischer (Libido) oder biologischer Natur (Lebens- und Todestrieb). Für Marx sind es geschichtliche Kräfte, die sich im sozio-ökonomischen Entwicklungsprozess des Menschen entfalten".

Generell lässt sich zu den Unterschieden von Marx und Freud sagen: Für Marx werden das Sein des Menschen und sein Bewusstsein durch die Struktur der Gesellschaft bestimmt, von der er selbst einen Teil bildet.

Für Freud beeeinflusst die Gesellschaft das Sein des Menschen lediglich kraft einer größeren oder geringeren Verdrängung seiner angeborenen physiologischen und biologische Apparatur.

Freud glaubte, dass der Mensch die Verdrängung überwinden könne, ohne dass gesellschaftliche Veränderungen vorgenommen werden müssen.

Marx andererseits war der erste Denker, der begriff, dass die Verwirklichung des universalen und vollbewussten Menschen nur zusammen mit sozialen Veränderungen möglich ist, die zu einer neuen und wahrhaft humanen wirtschaftlichen und sozialen Organisation der Menschen führen.

Fromm konzipiert in Übereinstimmung mit vielen Marxisten die menschliche Natur nicht als eine unveränderliche, doch er stimmt nicht der These zu, dass diese grenzenlos wandlungsfähig sei.

Wäre der Mensch nämlich unbegrenzt wandlungsfähig, dann könne er tatsächlich Normen und Institutionen, die seinem Wohlergehen entgegengerichtet sind, für immer umgewandelt werden, ohne dass e seine Möglichkeit gäbe, die der menschlichen Natur innewohnenden Kräfte zu mobilisieren, um eine Veränderung der Typen zu erreichen.

In diesem Fall wäre der Mensch nur eine Marionette irgendwelcher sozialer Übereinkommen, aber niemals ein aktives Wesen, das im Verlaufe seiner Geschichte den Beweis erbracht hat, dass es immer wieder gegen den übermächtigen Druck sozialer und kultureller Verhältnisse ankämpfen will, die seiner Veranlagung nicht entsprechen.

Wäre der Mensch also nur ein Reflex kultureller Typen, dann könnte faktisch keine Sozialordnung vom Standpunkt des menschlichen Wohlergehens kritisiert oder beurteilt warden, weil es keine Konzeption des "Menschen" geben würde.

Wenn wir sowohl die unbeweisbare These von der Unveränderbarkeit der menschlichen Natur als auch die von ihrer unendlichen Wandlungsfähigkeit zurückweisen, so bleibt die Tatsache, dass sich der Mensch den verschiedenen historischen und natürlichen Situationen anpassen könne.

Der Mensch kann sich auch kulturellen Verhältnissen anpassen, die von ihm eine Unterdrückung seiner sexuellen Triebe verlangen, aber seine Anpassung hat nach Freud neurotische Symptome zur Folge.

Der Mensch kann sich fast allen kulturellen Typen anpassen; stehen diese aber im Widerspruch zu seiner Natur, dann stellen sich geistige und emotionale Störungen ein, die ihn allmählich zwingen, diese Verhältnisse zu ändern, da er seine Natur nicht ändern kann.

Bei der Analyse der Unterschiede zwischen der tierischen und der menschlichen Existenz betont Fromm den widersprüchlichen Charakter der menschlichen Existenz. Der Mensch sei den natürlichen Umständen nicht angepasst, weil er ja nicht nur in der Natur, sondern auch in der Gesellschaft lebe. Mit seinem "gesellschaftlichen Charakter" transzendiere er sein natürliches Dasein. Er sei einTeil der Natur und übersteige sie auch, durch sein Bewusstsein erkenne er seine Macht und seine Ohnmacht, seine gesellschaftlichen und seine natürlichen Grenzen.

Fromm sagt: "Dieses Dilemma lässt sich nur, wenn man das Wesen des Menschen nicht als gegebene Qualität oder Substanz, sondern als einen der menschlichen Existenz innewohnenden Widerspruch definiert".

Diesen Widerspruch sieht Fromm darin, dass der Mensch ein Tier sei, dessen Instinkte im Vergleich zu anderen Tieren äußerst unzureichend sind; zugleich sei er aber auch ein Wesen, welches ein Selbstbewusstsein und ein Bewusstsein von seiner Vergangenheit und Zukunft hat und somit nicht in dem Maße an die Natur gebunden ist wie das Tier.

Der Mensch befinde sich auf diese Weise ständing in einem existentiellen Widerspruch, und er sei mit der Notwendigkeit konfrontiert, die Lösung dieser Widersprüche zu finden.

So sei für das Verständnis der menschlichen Natur die erste Voraussetzung die Analyse der menschlichen

Bedürfnisse, welche aus den Bedingungen seiner Existenz hervorgehen.

In Verbindung damit verweilt Fromm bei der Analyse des "menschlichen Charakters", in dem er an die Analysen Freuds anknüpft.

Der wesentliche Unterschied zwischen den Auffassungen Fromms und Freuds besteht dabei darin, dass er die fundamentale Grundlage des Charakters nicht in den verschiedenen Typen der Organisation sieht, sondern in den verschiedenen Arten, in denen sich ein Mensch zur Welt in Beziehung setzt.

Der Mensch setzt sich auf folgende Weise zur Welt in Beziehung:

1. Durch Aneignung und Assimilierung der Dinge
2. Indem er sich zu den Menschen (und zu sich selbst) in Beziehung setzt.

Das erste nennt man "Assimilationsprozess", das zweite "Vergesellschaftungsprozess". Beides sind offene Möglichkeiten und nicht – wie beim Tier – vom Instinkt her bestimmt.

Danach beginnt der Mensch erst da, wo der Mangel an Tatbestimmung durch Instinkte einen bestimmten Punkt übersteigt, die Anpassung an die Natur ihren Zwangscharakter verliert und die Handlungen nicht mehr durch Erbmechanismen festgelegt sind.

Also: Menschsein und Freisein sind von Anbeginn untrennbar verbunden, wobei wir das Wort "Freiheit" nicht in seinem positiven Sinn als "Freiheit zu" gebrauchen, sondern im negative als "Freiheit von", nämlich von Handlungsbestimmungen durch Instinkte.

Freiheit in diesem Sinne kann nicht als "Handeln in Erkenntnis des Notwendigen", sondern als "Handeln auf der Basis des Erkennens von Alternativen und ihrer Folgen" definiert warden.

Wie bereits an anderer Stelle erwähnt, hat Fromm in seinem Werk "Furcht vor der Freiheit" hierfür detallierte Analysen aus der menschlichen Geschichte vorgenommen.

So zeigt er z.B., dass in den Perioden der Reformation und des Spätkapitalismus die Freiheit von traditionellen Zwängen der mittelalterlichen Gesellschaft dem einzelnen ein neues Gefühl der Unabhängigkeit, gleichzeitig aber auch der Vereinsamung gegeben habe, welche die Ursache verschiedener neuer irrationaler Aktivitäten gewesen sei.

Fromm ist der Auffassung, dass der einzelne Mensch im Moment der Einsamkeit und der Konfrontation mit der äußeren Welt als einer vollkommen abgetrennten Einheit versuchen müsse, diesen unerträglichen Zustand der Ohnmacht zu überwinden, zu einer "positiven Freiheit" zu gelangen, zur Verbindung mit der Welt auf dem Wege der Liebe und der Arbeit, durch reale Verwirklichung der emotionalen und intellektuellen Fähigkeiten.

Die andere Möglichkeit bestehe darin, von der Freiheit Abstand zu nehmen, zu fliehen.

Dafür zeigt Fromm zwei Fluchtmechanismen: die Unterwerfung und die Beherrschung.

Der erste Mechanismus der Flucht ist die Tendenz, die Unabhängigkeit des eigenen Selbst aufzugeben und es mit jemand oder etwas Außenstehenden zu verschmelzen, um so die dem individuellen Selbst mangelnde Kraft zu gewinnen. Diese Art der Unterwerfung nennt Fromm "Autoritarismus".

Der andere Mechanismus ist die Beherrschung im Sadismus und Masochismus.

In seinem Werk "Der moderne Mensch und seine Zukunft" schreibt Fromm: "Darum steht der Mensch letztlich vor der Wahl: Leben schaffen oder zerstören – lieben oder hassen. Die gewaltige Macht des Zerstörungswillens, die wir in der ganzen Menschheitsgeschichte sehen, ist in der Menschennatur genauso verwurzelt wie der Schöpferdrang.

Wenn wir sagen, der Mensch sei fähig, seine primäre Anlage für Liebe und Vernunft zu entwickeln, so bedeutet dies nicht den naiven Glauben "der Mensch ist gut". Zerstörungssucht ist eine sekundäre Anlage und von der gleichen Intensität und Mächtigkeit wie irgendeine andere unserer Leidenschaften.

Schöpferkraft und Zerstörung, Liebe und Hass, sind zwei voneinander unabhängige Triebe. Beide sind Anworten auf das gleiche Verlangen nach

Transzendenz, und der Zerstörungswille muss durchbrechen, wenn der Schöpferdrang keine Befriedigung findet".

Als erste Zusammenfassung können wir festhalten, dass Fromm primär daran interessiert war, eine möglichst rationale Antwort auf das Problem der menschlichen Natur zu geben, jener biologischen und psychologischen Charakteristika des Individuums, die uns zwar nicht die Antwort auf die Frage nach den grundlegenden Hebeln der historischen Bewegung und Entwicklung geben, jedoch sicherlich auf die Frage nach dem Charakter des menschlichen Regierens und Verhaltens in bestimmten historischen Situationen.

Der Mensch handle mit seinen Trieben, Wünschen, Interessen, Antrieben als historisches Wesen, so dass die Kenntnis dieser seiner primären Struktur ein wichtiges Moment einer komplexeren historisch-materialistischen Interpretation der einzelnen historischen Epoche sei.

Fromm hat sich jedoch als Marxist und Humanist nicht nur bei diesen Fragen aufgehalten, sondern er analysierte von dieser Position aus kritisch das kapitalistische System wie jedes andere System der Entfremdung.

Fromm entlarvt die Selbstzufriedenheit der modernen Konsumgesellschaft als einen lügenhaften Schein von Glück, das sich im wesentlichen in einem relativ gutem Leben erschöpfe, welches total entfremdet und durch die Interessen des Kapitals manipuliert sei.

Fromm sieht weder im zeitgenössischen Monokapitalismus noch im Stalinismus, im staatlichen oder bürokratischen Sozialismus die Lösung dieser allseitigen Entfremdung.

Fromm glaubt, die Menschheit stehe an einem Scheideweg. Beide Systeme wandeln sich heute zu Managersystemen, in welchen die Menschen gut genährt und mit Kleidern versorgt werden, wo ihnen viele Wünsche erfüllt warden, sie selbst aber immer mehr zu Automaten werden; sie bauen Maschinen, die wie Menschen agieren und sie produzieren Menschen, die wie Maschinen arbeiten.

Diese Entfremdung und Automatisierung führten zu einer ständing wachsenden Abnormität, zu einem Leben ohne Sinn und ohne wirkliche Freude. Und wenn im 19. Jahrhundert das Problem darin bestanden hat, dass Gott tot sei, so lautet es heute, dass der Mensch tot sei.

Aus dem Prinzip der humanistischen und sozialistischen Ethik folgt für Fromm folgendes daraus:

"Wenn der Mensch lebendig ist, dann weiß er, was erlaubt ist. Lebendig heisst produktiv sein und die Kräfte nicht für einen den Menschen transzendierenden Zweck, sondern für sich selbst einsetzen, dem Dasein einen Sinn geben, Mensch sein. Solange jemand glaubt, sein Ideal und sein Daseinszweck liege außerhalb seines Ichs, sei es in den Wolken, in der

Vergangenheit oder der Zukunft, lebt es außerhalb seiner Selbst und wird dort Erfüllung suchen, wo sie nie gefunden warden kann. Er wird überall Lösungen und Antworten suchen, nur nicht dort, wo sie gefunden werden können – in seinem eigenen Ich.

Die positive Freiheit liegt also nach Fromm in der spontanen Aktivität der Gesamtpersönlichkeit, im Bedürfnis nach Vereinigung mit der Welt, um gleichzeitig ein Gefühl der Integrität und Individualität zu erlangen.

Diese Leidenschaft und dieses Bedürfnis sei die Liebe. Die Liebe ist für Fromm eine der grundlegenden Formen produktiver Orientierung, eine aktive und schöpferische Beziehung zu anderen Menschen, zu sich selbst und zur Natur.

Fromm plädiert für die Gründung einer humanistischen sozialistischen Gesellschaft, welche sowohl das kapitalistische Streben nach Profit mit all seinen überwiegend negativen und tragischen Folgen als auch die etatistischen sozialistischen Strukturen überwunden hätte, in denen auch weiterhin die Sphäre der Arbeit und die Sphäre der Herrschaft als zwei Momente von ein und derselben Entfremdung fortbestehen.

Eine Wahl zwischen diesen beiden gesellschaftlichen Formen besteht für Fromm nicht, weil beide den Menschen in einen Roboter verwandeln.

Die Alternative heiße Robotertum oder "humanistischer kommunitärer Sozialismus".

## 7.    Die verlorene Verantwortung
### a) Freuds Psychoanlyse

Die grundlegende These der Freudschen Psychoanalyse ist das "Prinzip der psychischen Determiniertheit" oder Kausalität, das besagt, dass wie in
der uns umgebenden Natur auch in der Psyche nichts
zufällig geschieht.
Jedes psychische Geschehen wird durch die vorange-
gangenen determiniert.
Wenn Geschehnisse in unserem psychischen Leben
zufällig und mit dem, was voranging, nicht verknüpft
zu sein scheinen, das ist das nur eben scheinbar der
Fall. In Wirklichkeit ist bei psychischen Phänomenen
ein solches Fehlen kausalen Zusammenhanges
genauso unmöglich wie bei physischen.
So zwangsläufig wie ein Apfel vom Baum fällt, so festgelegt sind nach Freud
die psychischen Prozesse im Menschen, und auch das
Vorhandensein des menschlichen Verstandes kann
daran nichts ändern.
Komplett wird das Grundgerüst der Psychoanalyse
durch Freuds Feststellung, dass die Mehrzahl der
psychischen Vorgänge sich ohne Bewusstheit abspielen und dass Bewusstheit eher eine
außergewöhnliche als eine regelmäßige Eigenschaft
der psychischen Vorgänge ist.
Der Mensch ist nicht länger homo sapiens, sondern
Spielball unbewusster aber zielstrebiger Kräfte und

Freuds Botschaft, die am Ende des 19. Jahrhunderts die weit verbreitete Vernunftgläubigkeit scheinbar aus den Angeln heben konnte.

Der Mensch, gesteuert von psychischen Erregungen, Triebe genannt.

Dieses Unkontrollierbare, das in jedem Menschen schlummere, nannte Freud "Es", der Bestimmer, sein Inhalt ist alles, was ererbt und damit konstitutionell festgelegt ist.

Das dem gegenüberstehende "Ich" hat zwar die Fähigkeit, zwischen den Wahrnehmungen, die aus der Außenwelt und jenen, die aus den Wünschen und Impulsen des "Es" kommen, zu unterscheiden, aber die Energie, die das "Ich" dafür benötigt, bekommt das "Ich" vom "Es".

Freud war der erste Mensch, der das "seelische In-nenleben" des Menschen ausforschen wollte und das nicht nur aus reiner Neugier, sondern als Konsequenz aus seinem Studium der Neurosen.

Eine Neurose in diesem Sinne entsteht aus einem in-neren Konflikt zwischen dem "Es" und dem "Ich", der jedoch nicht ausgetragen wird, aber auch nicht unter den "Teppich gekehrt " werden kann.

In dieser Situation, die Freud "traumatisch" nannte, hat das "Ich" gegenüber dem "Es" Abwehrformen entwickelt, um den mit dem Ausleben des "Es- Im-pulses" verbundenen Gefahren begegnen zu können:

- Verdrängung

Die Tätigkeit des "Ichs", die dem unerwünschten "Es-Impuls" den Zugang zum Bewusstsein versperrt.

- Reaktionsbildung

Mechanismus, durch den aus einem Paar ambivalenter Haltungen z.B., beim Hass durch die Überbetonung der Liebe unbewusst gemacht wird.

So kann z.B. ein Mensch eine Haltung großer Zärtlichkeit und Zuneigung Menschen und Tieren gegenüber entwickeln, um sehr grausame oder gar sadistische Impulse gegen sie unter Kontrolle und unbewusst zu halten.

- Verleugnung

Die Fakten der Realität werden abgelehnt und durch eine Fantasie und ein Verhalten ersetzt, die die Wünsche befriedigen – heute nennt man das Fake News.

- Projektion

Eigene Impulse und Wünsche werden anderen Personen zugeschrieben.

- Regression

Der Mensch kehrt mit seinen Wünschen in frühkindliche (anale und orale) Phasen zurück.

Allen Abwehrmechanismen gemein ist das Bestreben, die ursprüngliche Triebbefriedigung in Richtung sozialer Akzeptanz zu modifizieren.

Aber, egal welche Abwehrformen gewählt werden, schon die Existenz des inneren Konfliktes zwischen "Ich" und "Es" führt nach Freud zu Neurosen.

Mit dieser Auffassung stellt sich Freud konträr zu der gängigen "hippokratischen Vorstellung von der Krankheit als Ergebnis einer Disharmonie zwischen dem Organismus und seiner Umwelt". Entsprechenden Kritikern entgegnete Freud nur mit der Feststellung, sie "hätten im Innern des Menschen nur noch nicht gründlich nachgesehen".

Neben oben erwähnten Abwehrmechanismen nennt Freud noch drei weitere Möglichkeiten des "Ichs" im Zusammenspiel mit dem "Es":

- Nachgeben

Das "Ich" kann einen Triebanspruch zur unverzüglichen Befriedigung zulassen, indem es prüft, ob der Triebanspruch nicht mit den Ansprüchen des "Über-ich" (dem menschlichen Gewissen) und der Realität in unversöhnlichem Gegensatz steht.

Das "Ich" gibt demnach einer Triebregung nicht nach, weil es nicht anders kann, sondern weil es nicht anders will.

- Verschiebung der Triebabfuhr

Wenn eine unverzügliche Befriedigung nicht möglich ist, kann nach Freud die Triebabfuhr durch das Denken ersetzt werden.

Denn das Denken wurde nach Freud mit Eigenschaften ausgestattet, welche dem seelischen Apparat das Ertragen der erhöhten Reizspannung während des Aufschubs der Abfuhr ermöglicht.

Das "Ich" entscheidet in diesem Falle über den Ausgang des Triebanspruches: des "Ichs" konstruktive Leistung besteht darin, dass es zwischen Triebanspruch und Befriedigung die Denktätigkeit einschaltet.

Das "Ich" trifft auf diese Weise die Entscheidung, ob der Versuch zur Befriedigung ausgeführt oder verschoben werden soll oder ob der Anspruch des Triebes nicht überhaupt als gefährlich unterdrückt werden muss.

- Bindung seelischer Energien (Sublimierung)

Das ist die Fähigkeit des "Ich", die Energie von ursprünglich triebgesteuerten Zielen abzulenken und sie für Funktionen des "Ich", die nicht unmittelbar triebhafter Natur sind, zu verwenden.

Für Freud ist die letztgenannte Fähigkeit des "Ichs" zur Sublimierung besonders wichtig, da sie die libidinöse Energie nicht nur abwehrt, sondern "qualitativ" umwandelt.

Nach Freud trägt diese Fähigkeit des "Ichs" zur Sublimierung in hohem Maße zur Kulturentwicklung der Menschheit bei.

Diese drei angeführten Möglichkeiten des Zusammenspiels von "Ich" und "Es" dürfen jedoch nicht den

Eindruck erwecken, dass das "Ich" dadurch eine absolute Autonomie erhält. Mitnichten.

Ohne die Triebenergie des "Es" ist das "Ich" zu Leistungen gar nicht fähig, denn das libidinöse "Es" liefert den Treibstoff, den das "Ich" zur Beherrschung der Triebenergien benötigt.

Dies ist in der Tat eine genial konstruierte Kausalität von Freud, die sich zwar jeder wissenschaftlichen Verifizierung entzieht, denn der "Treibstoff" befindet sich in einer unzugänglichen Black Box, die jedoch den Charme hat, dass ihre Existenz auch nicht widerlegt werden kann.

So wie sich das menschliche "Ich" nach Freud um "relative Autonomie" bemüht, das "Es" mit seinen Trieben in gewissen Schranken zu halten, so ist das Ich auch daran interessiert, zwischen dem "Es" und den Anforderungen der Realität zu vermitteln.

Diese "Realitätsprüfung" macht es dem "Ich" möglich, ein einmal in der realen Wahrnehmung gefundenes Objekt nicht bloß durch Reproduktion in der Vorstellung wieder gegenwärtig zu machen, sondern dieses Objekt auch wiederzufinden.

Ist diese Unterscheidung von Innen- und Außenwelt möglich, so kann das "Ich" unverzerrt Informationen aufnehmen und speichern (Gedächtnis).

Diese relative autonome Rolle des Ichs eröffnet ihm einen relativ autonomen Entscheidungsraum, der nur bei Realitätsleugnung, d.h. die Außenwelt wird ausgeblendet und durch die Innenwelt ersetzt, zu psychotischen oder neurotischen Erkrankungen führt.

Als Freud dieses "Realitätsprinzip" dem "Lustprinzip" gegenüberstellte, wollte er mit Sicherheit nicht die Unvereinbarkeit von Lust und Realität manifestieren. Vielmehr erlaubt das Realitätsprinzip nach Freud eine der Realität angepasste Triebbefriedigung.

Das Realitätsprinzip setzt das Lustprinzip nicht außer Kraft, es legt ihm lediglich Beschränkungen auf, um einen künftigen Lustgewinn sicherzustellen.

Freud war der Meinung, das das Realitätsprinzip zwar in der Therapie durch die Ersetzung des Lustprinzips die Automie des Ichs fördert und dieses gegen Zwänge von innen und außen freier macht, also Raum für eine "freiheitliche Verantwortung" (sic!) schaffe, das dies jedoch nur ein Pyrrhussieg ist, da das Realitätsprinzip qualitativ nicht das zu leisten vermag, was das Lustprinzip dem Individuum an Befriedigung ermöglicht.

Freud formulierte es so: "Das Glücksgefühl bei Befriedigung einer wilden, vom Ich ungebändigten Triebregung ist unvergleichlich intensiver als bei Sättigung eines gezähmten Triebes".

Von daher hat Freud die Vermutung geäußert, dass das Realitätsprinzip eher der Leidvermeidung dient als der Lustgewinnung.

Und so wie die Leidvermeidung durch die libidinöse Anpassung des Menschen an die ökonomisch notwendigen Lebensbedingungen eher wertneutral im Rahmen eines sozialpsychologischen Ansatzes z.B. durch Fromm den Menschen attestiert wurde, so unerbittlich nahm sich die marxistische Linke in ihrer sogenannten "Sexpol-Bewegung" in den 20er und 30er Jahren des Freudschen Realitätsprinzip an.

Unter der grundsätzlichen Fragestellung, ob Psychoanalyse und Marxismus miteinander vereinbar seien, wurde die menschliche Triebstruktur und die entfremdete Arbeit der Menschen im Kapitalismus in Beziehung gesetzt und damit der letztendlich gescheiterte Versuch unternommen, die biologistischen Triebdeterminanten Freuds mit den kapitalistischen Ausbeutungsinstrumenten des Marxismus zu harmonisieren.

Ein nachhaltiges Revival erlebte diese Auseinandersetzung in der 68er Antikapitalismus-Diskussion, die die "Gleichschaltung der psychischen Struktur" als Spiegelbild einer "politischen Kollektivierung" sah, in der das Lustprinzip der Arbeitsproduktivität geopfert wird, in der die Arbeit also von der Lust abgetrennt wird und zur "entfremdeten Arbeit" wird.

So gab es also in der Auseinandersetzung zwischen Freud und Marx zumindest ein einvernehmliches Konstrukt:

Die ursprüngliche menschliche Libido wird zur Kapitalismus stabilisierenden Produktivitätsquelle, die niemals versiegt, deren Ergebnisse jedoch ungerecht unter den Beteiligten verteilt wird.

Zusammenfassend lässt sich sagen, dass Freud sein Betätigungsfeld – die Psychoanalyse - nur dadurch rechtfertigen konnte, dass er der Autonomie des Ichs klare Grenzen setzte.

Seine Konstruktion vom Es-Ich-Überich und Realitätsprinzip war so beschaffen, dass das Ich in letzter Instanz nicht "Herr im eigenen Haus" ist, sondern erst durch die Psychoanalyse dazu befähigt warden muss:

"Wo Es war soll Ich werden!"

Lediglich Freuds Behauptung, dass die menschlichen Triebe das menschliche Verhalten maßgeblich steuern, diente als Rechtfertigung für die Psychoanalyse.

Freud kreierte also menschliche Defizite, ja Krankheiten, die er nur durch seine Therapie – der Psychoanalyse – heilen konnte.

Diesem genialen Schachzug Freuds haben wir aber nicht nur den Glauben an die eingeschränkte Autonomie des menschlichen Egos und der damit verbundenen "limitierten Verantwortung" des Menschen für sein Handeln zu verdanken.

In der Freudschen Lehre wird auch den Gegnern dieser Lehre keine Chance gelassen.

Denn so wie Freud keinerlei wissenschaftlichen Beweis für seine Lehre erbringen konnte, so konnte und kann auch das Gegenteil, also die nicht vorhandene oder stark eingeschränkte Triebsteuerung des Menschen, nicht bewiesen warden.

Und als Krönung der Freudschen Konstruktion können auf Basis dieser Lehre alle Gegner dieser Lehre leicht zu Psychopathen und Neurotikern oder zumindest zu krankhaften Ignoranten erklärt warden.

Damit bewegt sich die Lehre Freuds auf dem grandiose Feld der Religion, die nur noch geglaubt werden muss, aber nicht widerlegt werden kann.

Einschränkend sei an dieser Stelle erwähnt, das Freud dem Menschen nach erfolgreicher Therapie beim Meister durchaus ein quasi "Normal-Ich" zubilligte.

Doch die Autonomie des Ichs ist nicht allein von den in der Analyse intendierten Veränderungen der Beziehungen des Ich mit dem Es, Überich und der Realität erklärbar; sie ist auch abhängig vom Antagonismus Verstand – Triebleben (Autonomie und Heteronomie).

Und hier vertrat Freud den Standpunkt: Der Verstand ist schwächer als die Triebkräfte: "Das stolze Ich (und Über-Ich) sind vielleicht in der Lage, Außenwelt und Individuum davon zu überzeugen, dass alles unter Kontrolle ist, nur um dann doch durch das verachtete und abgelehnte Es entthront zu werden".

Arno Gruen sagte zu Freuds Lehre in seinem Werk "Der Wahnsinn der Normalität":

"Wirklich verantwortungsvolles Handeln und echte Menschlichkeit, die sich gegenseitig bedingen, sind nur möglich auf der Basis eines autonomen Selbst, das Innen- und Außenwelt integriert".

Vielleicht ist es unredlich, Freud zu unterstellen dass er für alle Zeit den Sieg der Vernunft über die Triebe ausschloss. Aber sicher ist, dass er Pessimist genug war, an die Niederlage der Vernunft zu glauben und Realist genug, um von diesen unentrinnbaren Defizit der Menschen zu profitieren.

## b) Freuds langer Schatten

Betrachtet man das "Schicksal der Psychoanalyse" über die letzten 100 Jahre, dann kann man feststellen, dass es schon erstaunlich ist, wie ein derartiges Denkmodell, das deutliche Züge einer materialistischen Elementpsychologie trägt, solange überleben konnte und noch heute maßgeblichen Einfluss auf die Spielregeln des Zusammenleben der Menschen hat.
Obwohl Karl Kraus schon 1918 die Psychoanalyse als jene Geisteskrankheit bezeichnete, für deren Therapie sie sich hält, feierte sie einen Siegeszug um die ganze Welt.
Der Reiz an der Freudschen Lehre war natürlich auch die Einfachheit, und nie zuvor war das menschliche Leben so exklusiv und radikal auf einen isolierten Naturprozess zurückgeführt und negativ als Ausdruck eines Naturverhängnisses dargestellt worden.
Wie ein Heilsbringer sah Freud die Psychoanalyse im "Dienste der Befreiung Leidender", und er selbst hatte genug Sendungsbewusstsein und Hartnäckigkeit, um eine äußerst umstrittene Forschungs- und Behandlungsmethode nicht nur auszuarbeiten und anzuwenden, sondern auch öffentlich zu vertreten.
Die Psychoanalyse zeigte den Menschen in seiner ganzen Vergangenheitsverstricktheit und reduzierte ihn auf eine deterministische Triebabfuhrmaschine

mit permantem Leidensdruck und spärlicher Aussicht auf Besserung.

Denn wenn das menschliche Dasein al seine "Folge zwangsläufiger Ereignisse" erscheint, kann die Zukunft schwerlich als offen angesehen werden.

Wenn auch der Vorwurf, dass die Psychoanalyse nur einem "kranken Hirn entsprungen sein könnte", also ihr Dasein lediglich der persönlichen Krise ("Vaterkomplex") eines Mannes mit Namen Freud verdanke, zu kurz greift, so wurde doch die Seriösität der Freudschen Denke stark angezweifelt.

Auch wenn z.B. der britische Literaturhistoriker Richard Webster Freud als Schöpfer einer komplexen Pseudowissenschaft bezeichnete, "die als eine der größten Torheiten der westlichen Zivilisation anerkannt werden sollte", und der britische Nobelpreisträger Peter Medawar die Psychoanalyse als "horrendeste Bauernfängerei des Jahrhunderts" erklärte, so hinderte das die Freudianer nicht im geringsten daran, "frei von der Verpflichtung, prüf- und vergleichbare Befunde zu liefern, hemmungslos in waghalsigen Verknüpfungen zu schwelgen und jede Kritik für das Zeichen einer Neurose zu halten".

Obgleich Freuds Grundannahmen wie der Glaube an die Verdrängung, an das Unbewusste und an die Bedeutung der frühen Kindheit einer kritischen Prüfung nicht standhalten, machen immer noch Millionen Menschen einen klassischen "Couchtrip" durch.

Daran änderte auch nicht die Tatsache, dass Nachfreudianer wie Alfred Adler, C.G. Jung, Viktor Frankl, Fritz Künkel u.a. Freuds Irrungen etrkannten und überzeugend aufarbeiteten.

Mag manche Kritik an Freud auch überzogen sein, so lässt sich doch festhalten, dass die Psychoanalyse zu den verbreitesten ideologischen Vereinfachungen der Menschen gehört.

Überschaut man die Widerstände gegen die Psychoanalyse, so muss man sagen, nur ihr kleinerer Teil ist von der Art, wie er sich gegen die meisten wissenschaftlichen Neuerungen von einigem Belang zu erheben pflegt.

Der größere Anteil rührt daher, dass durch den Inhalt der Lehre starke Gefühle der Menschheit verletzt worden sind.

So wie Freud in seinem Dogmatismus haben auch seine Jünger in der "Gesellschaft der Psychoanalytiker" die Lehre gegen alle Kritiker und gegen alle guten Gegenargumente verteidigt, nach dem Motto:"Don´t bother me with facts, I have already made up my mind!"

Es muss daher nicht verwundern, dass vor allem die "professionellen Denker", die Philosophen (mit wenigen Ausnahmen wie Nietzsche) Freudkritiker waren.

Stellvertretend dafür soll hier der eher moderate A. Messer zitiert werden: "So bedeutsam und vielgestal-

tig auch die Eindrücke sind, die uns die Tiefenpsy-
chologie in die unbewusste oder kaum bewusste Un-
terwelt des Trieblebens eröffnet hat, so darf dabei
nicht übersehen werden, dass die meisten Vertreter
dieser psychologischen Richtung der Gefahr nicht
entgangen sind, im Geiste eines einseitigen Natural-
ismus den Menschen lediglich als naturhaftes Trieb-
wesen aufzufassen und Blick und Verständnis ein-
zubüßen für das eigentliche Wollen, seine Freiheit
und die darin für das Individuum enthaltene Möglichkeit, sich zur autonomen sittlichen Persönlichkeit em-
porzuarbeiten".

Die Freudsche Lehre zeigte zum ersten Mal in der
Menschheitsgeschichte die Möglichkeit auf, nicht nur
die Verantwortung für das eigene Handeln infrage zu
stellen oder gar zu leugnen und damit die Exkulpier-
ung menschlicher Schuld, sondern besaß auch noch
die erstmalige Qualität, Gegner dieser Lehre mit den
unbewiesenen Inhalten dieser Lehre mundtot zu machen und dient heute noch in vielen Bereichen als "Al-
ibikonstrukt" für Verantwortungslosigkeit.

Es kann dabei nicht verwundern, dass etwas vollkommen Unbewiesenes unkritisch übernommen wurde
und noch immer wird, denn zum einen dient es als
Entschuldigung eigener Vergehen bzw. der Bes-
chuldigung anderer Menschen oder Umstände und
zum andern konnte u.a. ein Strafrecht darauf
aufgebaut warden, das immer wieder dazu führt, das
Täter " mit schwerer Kindheit" exkulpiert werden

und Opfer zusätzlich zu ihrem Schmerz auch noch den Hohn der Täter ertragen müssen.

Sehr intensive hat sich der Schweizer Erich Laubscher-Wolf von Müntschemier in seiner Dissertation 1985 mit der Verantwortlichkeit bei Freud auseinander gesetzt.

Die Kernüberlegungen dieser Arbeit sollen im folgenden dargelegt werden.

## c) Freud und die Verantwortung

Ausgehend von Jaspers These "Wo Freiheit ist, ist Verantwortung, und wo Verantwortung ist, da gibt es Schuld" hält der Autor Freuds Denkanstöße in seiner Psychoanalyse für brauchbar, wenn es darum geht, das Mündigsein des Menschen als anthropologische Voraussetzung des Verantwortlichseinkönnens genauer zu untersuchen.

Danach traf Freud seine Patienten im Zustand des "Noch-nicht-Verantwortlichseinkönnens" mit dem Ziel, Wege aufzuzeigen, eine "relative

Autonomie zu erreichen oder wie Freud es formulierte:

"Eine Handlung des Ichs ist dann korrekt, wenn sie gleichzeitig den Anforderungen des Es, des Überichs und der Realität genügt, also deren Ansprüche miteinander zu versöhnen weiss".

Maßgeblich bei dieser analytischen Methode war aber Freuds Menschenbild entwickelte, bei dem er vor folgender Frage stand:

Hatte er ein in sich geschlossenes mechanistisches und deterministisches Menschenverständnis oder gab es Ansätze bei ihm, die in Richtung eines offenen, freien Menschbildes tendieren? Wird der Mensch von vorgegebenen psychischen Mechanismen gesteuert und die Verantwortlichkeit damit zur bloßen Chimäre oder kann er auf die Möglichkeit angesprochen werden, solchen Mechnismen zu begegnen und insofern autonom zu werden, als er diese selber zu steuern beginnt?

Zusammenfassend kann man die Fragestellung des Doktoranden über Freud und die Verantwortung wie folgt beschreiben:

Was Freud unter Verantwortlichkeit verstanden hat, kann man nur indirect beantworten. Weil er dem Ich nur eine relative, freiheitliche Autonomie zusprach, ist die Verantwortlichkeit eben in diesem Ich begründet.

Daher können Freiheit, Autonomie, sinnvolle Moral, Verantwortungsbewusstsein in Freuds Psychoanalyse nur dann adäquat erfasst werden, wenn sie von einem automen Ich her interpretiert werden.

Hier im freiheitlichen Zusammenspiel des Ich mit den inneren Realitäten

(Es, Überich) sowie mit der äußeren Realität sieht Freud den Sitz der Verantwortlichkeit. Hier, im autonomen Denken und Handeln tritt das Ich verantwortlich in Erscheinung, indem es die unter sich oft verschiedenen Ansprüche kraft seiner freiheitlichen Möglichkeiten zu versöhnen weiss.

Danach kann Freuds Psychoanalyse mit dem Ziel, aus dem Es ein Ich zu machen al seine progressive Entwicklung von der Zwangsmoral zur Ethik der Verantwortung verstanden werden.

Nur das gesunde – also von Freud geheilte – Normal-Ich kann zur Verantwortung gezogen werden. Die menschliche Vernunft ist nach Freud dabei
ein Helfer, so dass man sagen kann:
Die therapeutische Zielsetzung der Stärkung des Ichs und damit der Stärkung des Intellekts beabsichtigt keine Schwächung oder Unterdrückung der Trieb-kräfte, sondern den realitätsgerechten Umgang mit denselben.

## 8.    Die Freiheit des Willens

Die Frage, ob der Mensch einen freien Willen besitzt, also autonom entscheiden kann, was er tun will und was er nicht tun will, beschäftigt die Gelehrten aus vielen Wissenschaften seit vielen Jahrhunderten.

Und die Debatte um die Willensfreiheit ist ein hervorrragendes Beispiel für pseudowissenschaftliche Gehirnakrobatik und Scheinproblemdiskussion. Aber ich möchte all jenen, die sich über das durchaus relevante Thema Gedanken machen, nicht Unrecht tun, denn die Komplexität des Themas ist unstrittig.

Besonders die Philosophen haben zu allen Zeiten ihre Verstandeskompetenz dafür eingesetzt, um die Frage nach der Beziehung zwischen dem menschlichen Geist, Bewusstsein und Seele einerseits und dem menschlichen Körper anderseits zu klären bzw. herauszufinden, ob und wenn ja, wie menschlicher Geist und Seele des Menschen sich zueinander verhalten.

Wir werden sehen, wie sehr dieser Problembereich mit der Frage nach der Willens- und Handlungsfreiheit verbunden ist.

## a) Das Leib-Seele-Problem

Zu allen Zeiten hat sich die Philosophie mit der Natur geistiger Zustände, ihren Wirkungen und Ursachen beschäftigt.
Zentral war dabei die Frage nach dem Verhältnis von geistigen und körperlichen Zuständen.
Bekannt geworden ist die Beschäftigung mit dieser Frage unter dem Titel "Leib- Seele- oder auch Körper-Geist-Problem, das durch folgende Frage-Stellung entsteht:
"Wie verhalten sich die mentalen Zustände (oder der Geist, das Bewusstsein, das Psychische, die Seele) zu den physischen Zuständen (oder dem Körper, dem Gehirn, dem Materiellen, dem Leib)?"
Um es vorweg zu nehmen: Diese Frage ist bis zum heutigen Tag nicht abschließend beantwortet.
Aber seit der Antike wurde über den Zusammenhang von Körper und Geist nachgedacht, wobei sich dabei zwei Denkrichtungen z.T. heftige – natürlich geistige – Kämpfe lieferten.
Die eine Denkrichtung – die dualistische – vertrat die Auffassung, dass Körper und Geist zwei voneinander getrennte Bereiche sind, dass Körper und Geist nebeneinander existieren.
Neben Plato, der einen expliziten Dualismus vertrat, was sich nach seiner Auffassung in der Argumentation für die Seelenwanderung zeigt

("Kann die Seele den Tod des Körpers überleben, so muss sie etwas Anderes sein als der Körper"), war Rene Descartes einer der Hauptvertreter des dualistischen Denkansatzes.

Seine Auffassung lässt sich wie folgt zusammenfassen:

"Ich als Mensch kann mir klar und deutlich vorstellen, dass Geist ohne Materie existiert, und was man sich klar und deutlich vorstellen kann, ist zumindest prinzipiell möglich; also ist es prinziplich möglich, dass Geist ohne Materie exkistiert.

Wenn es prinzipiell möglich ist, dass Geist ohne Materie existiert, dann müssen Geist und Materie verschiedene Entitäten (Einheiten) sein.

Da Geist und Materie verschiedene Entitäten sein müssen, ist der Dualismus folglich wahr".

Aus dieser dualistischen Sichtweise leitete Descartes die Aussage ab, dass Geist und Materie nicht nur verschieden sind, sondern auch aufeinander wirken.

Dieser interaktionistische Ansatz, den im 20. Jahrhundert ebenso die Philosophen Karl Popper und John Eccles u.a. vertraten, weist aber ein massives Problem auf:

Wenn es eine Interaktion zwischen Geist und Materie gibt, wie und wo findet diese statt?

An dieser Gretchenfrage scheiterten alle dualistischen Ansätze, auch jene, die Gott oder den Zufall als Initiator der Interaktion einführten.

Dieser Problematik ging die andere Denkrichtung des Leib- Seele-Problems –die monistische Richtung – dadurch aus dem Weg, indem sie davon ausging, dass es nur eine Substanz, nämlich die Materie gibt.

Die Materie als "Lebensstoff des Menschen", als Ursubstanz des Menschseins und damit als Quelle sämtlicher Gedanken und Taten.

Das klang einfach und verlockend, wenn auch äußerst "geistlos".

Denn dieser Denkansatz widersprach sich im Grunde selbst, den es negierte das Mentale oder degradierte es zum "Erfüllungsgehilfen der Materie".

Eine ganz radikal-monistische Denkrichtung vertrat der sog. eliminative Materialismus z.B. eines Paul Churchland, der jede Form von mentalen Zuständen bestreitet und diese für reine "Produkte der Psychologie" hielt.

Dieser radikale Ansatz ist natürlich auch aus der Sicht des Geistes denkbar:

Alles, was existiert, existiert nur im Geiste, im Mentalen.

Aber dieser idealistisch-monistische Ansatz krankt genau wie der rein materialistische an der Tatsache, das ser sich grundsätzlich jeder Nachprüfung entzieht, d.h. nicht widerlegbar (falsifizierbar) ist und somit eine "Frage des Glaubens".

Also, ob monistisch oder dualistisch, das Leib-Seele-Problem zeigt keine befriedigende Lösung, oder besteht hier nicht einfach das Problem, dass es überhaupt keine Leib-Seele-Problem gibt?

Inzwischen spricht einiges dafür, dass wire s hier mit einem sog. "Scheinproblem" zu tun haben.

Es war u.a. Ludwig Wittgenstein, der es als Fehler bezeichnete zu fragen, wie mentale und biologische (materielle) Zustände zusammenpassen.

Vielmehr sollte nach seiner Auffassung akzeptiert werden, dass Menschen in verschiedenen Weisen – etwa in mentalem und biologischen Vokabular – beschrieben werden kann.

Scheinprobleme entstehen nach Wittgenstein, wenn versucht wird, die Beschreibungsweisen aufeinander zu reduzieren oder auch, wenn das mentale Vokabular in falschen Zusammenhängen verwendet wird.

Dies ist z.B. der Fall, wenn im Gehirn nach mentalen Zuständen gesucht wird.

Das scheinbare Leib-Seele-Problem findet nun seine Fortsetzung in der Frage nach der Freiheit des menschlichen Willens.

## b) Determinismus und Freiheit

Wie schon be idem Leib-Seele-Problem stehen sich bei der Frage, inwieweit der Mensch einen freien Willen besitzt oder ob er vielmehr determinierenden Einflussgrößen ausgeliefert ist, die er wiederum nicht beeinflussen kann, unterschiedliche, ja konträre Denkansätze nahezu unversöhnlich gegenüber.

Die Vertreter des Determinismus sagen, dass es für jedes Ereignis ein nächstes Ereignis gibt, auf die es mit naturgesetzlicher Notwendigkeit folgt.

Dieser Determinismus, den wir schon bei Freuds Lehre kennengelernt haben, impliziert, dass sich die Welt zu jedem Zeitpunkt nur auf genau eine Weise weiter entwickeln kann. Diese Weiterentwicklung ist unausweichlich und unbeeinflussbar.

Danach kann bei der deterministischen Annahme keine der für die Freiheit charakteristischen Bedingungen erfüllt sei:

- Wenn der Determinismus wahr ist, dann kann ich mich als Mensch niemals anders entscheiden und niemals anders handeln, als ich es tue
- Wenn der Determinismus wahr ist, dann gehen meine Entscheidungen und Handlungen nicht auf mich zurück (es besteht keine Urheberschaft durch nmich), sondern auf die vorhergehenden Ereignisse, durch die sie determiniert sind

- Wenn der Determinismus wahr ist, dann können meine Entscheidungen und Handlungen nicht frei sein, weil ja von vornherein feststeht, wie mich mich entscheide und wie ich handele.

Die Gegner des Determinismus lassen sich in zwei Gruppen aufteilen:

Die Vertreter des Kompatibilismus sagen, dass Freiheit und Determinimus durchaus vereinbar miteinander sind.

Nach dieser Auffassung sind auch in einer deterministischen Welt folgende Bedingungen für persönliche Freiheit erfüllt:

- Die Person muss eine Wahl zwischen Alternativen haben; sie muss anders handeln bzw. sich anders entscheiden können, als sie es tatsächlich tut
- Welche Wahl getroffen wird, muss entscheidend von der Person selber abhängen (Urheberschaft)
- Wie die Person handelt oder entscheidet, muss ihrer Kontolle unterliegen. Diese Kontrolle darf nicht durch Zwang ausgeschlossen sein.

Die Verteter des Inkompatibilismus halten Freiheit und Determinismus für unvereinbar.

Für sie ist die Tasache, dass es in der Welt freie Entscheidungen gibt, Beweis dafür, dass der Determinismus falsch ist.

Man kann also folgendes sagen:

Die Determismus-Ablehner (die Inkompatibilisten) führen eigentlich den schwierigsten Kampf, den sie leiten die menschliche Freiheit aus der Ablehnung deterministischer Ereignisse ab. Also der Mensch kann nur frei handeln, weil es keinen Determinismus gibt.

Dieser Absolutheitsanspruch, dass jede Handlung und jedes Ereignis frei von jeglicher Determiniertheit ist, liefert den Beweis für die Unhaltbarkeit dieser Denkweise, denn danach hätte auch der Apfel, der vom Baum fällt, die freie Wahl, ob er nach oben oder nach unten fällt.

Daher ist es nicht verwunderlich, dass sich die Annahme der Vereinbarkeit von Freiheit und Determinismus (der Kompatibilismus) durchsetzte.

Danach ist es unstrittig, dass es naturgesetzlich determinierte Ereignisse in der Welt gibt, bei denen Ursache und Wirkung in einem eindeutig kausalen Zusammenhang stehen, der durch nichts anderes determiniert ist, als durch eben diesen.

Und daneben gibt es eben auch Ereignisse und menschliche Handlungen, die diesen eindeutigen und und unzweideutig vorhersehbaren Kausalzusammenhang eben nicht aufweisen.

Es ist dieser Denkansatz, be idem die Freiheit menschlichen Handelns im Mittelpunkt ihrer Überlegungen steht, und daher verwundert es nicht, dass sie daher ganz deutlich diese Art der Freiheit von klaren Fällen der Unfreiheit abgrenzen, wenn z.B. ein

Mensch eingesperrt oder gelähmt ist. Eine solche Person kann nicht tun, was sie tun will, ihr fehlt die Handlungsfreiheit, sie unterliegt äußeren Zwängen.

In der Philosophie hat e seine ganze Reihe von Autoren gegeben, wie z.B. Hobbes und Hume, die nachdrücklich die Auffassung vertreten haben, dass Handlungsfreiheit die einzige Art vin Freiheit ist, die wir wirklich haben.

Aber diese Position ist noch nicht vollkommen, den sie lässt außer Acht, dass der frei agierende Mensch zur Handlungsfreiheit auch eine Willensfreiheit benötigt, den wirklich frei sind wir nur, wenn wir nicht nur tun können, was wir wollen, sondern auch wollen können, was wir wollen wollen.

Wenn also Handlungs- und Willensfreiheit Voraussetzungen für freie Entscheidungen sind, dann muss nur noch festgestellt warden, dass für diese Entscheidungen die menschliche Rationalität, das menschliche Urteilsvermögen und das Abwägen von Handlungsalternativen erforderlich ist: Ohne Rationalität und die Fähigkeit zur Selbstkontrolle und Selbstreflexion gibt es keine Willensfreiheit!

Damit entfernen wir uns weit vom Freudschen Determinismus und erkennen – wie der Philosoph Locke es sagte – "dass die Freiheit einer Entscheidung nicht davon abhängt, dass ein außerhalb des Naturzusammenhangs stehendes Ich kausal bestimmt, wie es an einer bestimmten Stelle im Weltverlauf weitergeht.

Frei ist eine Entscheidung in seinen Augen, wenn der Handelnde zum Zeitpunkt der Entscheidung über zwei zentrale Fähigkeiten verfügt – die Fähigkeit, vor der Entscheidung zu überlegen, was in der gegebenen Situation zu tun richtig ware und die Fähigkeit, dem Ergebnis dieser Überlegung gemäß zu entscheiden und zu handeln".

An dieser Stelle können wir deshalb auch feststellen, dass die Freiheitsnegierer klare Gründe für ihre Sicht der Dinge hatten: Willens- und Handlungsfreiheit sind Voraussetzungen für die Übernahme von Verantwortung, eröffnen die Möglichkeit, zwischen Gut und Böse wählen zu können, ethisch zu handeln oder nicht.

Die Freiheitsnegierer lehnen diese Konsequenzen der menschlichen Freiheit ab: Keine Freiheit – keine Verantwortung – keine Freiheit – keine Ethik.

Daher ist es auch verständlich, dass die Determinismusanhänger alles daran setzten, die Freiheit des Menschen als reine Illusion hinzustellen.

Also starteten sie einen weiteren Versuch.

## c) Neurobiologie und Freiheit

Nach Freud hat es vor ihm bereits zwei "Kränkungen der menschlichen Eigenliebe" gegeben:
Die Erkenntnis des Kopernikus im 16. Jahrhundert, dass nicht unser Planet das Zentrum des Weltalls ist, sondern dass die Erde die Sonne umkreist (kosmologische Kränkung) und die Darwinsche Evolutionstheorie im
19. Jahrhundert, die den Homo sapiens als nichts Anderes und Besseres als die Tiere bezeichnete (biologische Kränkung).
Mit seiner Psychoanalyse stellte sich Freud mit Kopernikus und Darwin in eine Reihe.
Nach dieser eingebildeten "psychologischen Kränkung" folgte im 21. Jahhundert eine weitere: Die "neurobiologische Kränkung", die besagt, dass unser Wille und unsere Handlungen durch Neuronenaktivitäten in unserem Gehirn gesteuert und damit determiniert warden. Sie werden danach also nicht durch unser bewusstes Ich bestimmt ... ein Schuft, wer sich dabei an die Freudsche Triebsteuerung des Menschen erinnert fühlt.
Nach Aussagen der Neurowissenschaftler haben wir es hier mit wissenschaftlich abgesicherten Suchergebnissen zu tun, die wie die Freudsche Psychoanalyse eine Erklärung für Kritiker gleich mitliefert.
Angefangen hat die "neurobiologische Kränkung" damit, dass die beiden deutschen Neurobiologen

Kornhuber und Deecke Mitte der sechziger Jahre durch Messungen von menschlichen Gehirnströmungen festzustellen glaubten, dass bei einer willkürlichen Handbewegung eine Sekunde Zeit verstreicht von den ersten Vorbereitungen im Gehirn bis zur Ausführung dieser Bewegung.

Diese vor einer Handlung auftretenden elektrischen Veränderungen im Gehirn nannten sie "Bereitschaftspotential".

Diese eher banale Feststellung, dass die Muskeln beim Menschen erst aktiv weren können, nachdem das Hirn den Befehl dazu gegeben hat, nutzte ein anderer Neurologe, um dies in Experimenten nachzuweisen.

Die als sog. "Libet-Experiment" bekannt gewordenen Untersuchungen mit mehreren Probanten nutzten Hirnforscher wie Roth nund Singer dazu, den spinnerten Philosophen mal zu zeigen, was von deren Elfenbeinturmwissen über die Freiheit des Willens zu halten sei.

Libet hätte durch seine Experimente eindeutig bewiesen, dass es für die menschliche Willensfreiheit keinen Beweis gäbe.

Aber das war gerade der große Irrtum, den in Libets Experimenten ging es nur darum, festzustellen, ob und wie lange die Gehirntätigkeit vor der Bewegung (die Hand heben) lag.

Damit wurde aber mitnichten die freie Entscheidung des Probanten gemessen.

Denn von einer freien Entscheidung ist nur dann zu sprechen, wenn dem Handelnden unterschiedliche Alternative offen stehen.

Genau dies aber war in den Versuchen von Libet nicht vorgesehen. Die Versuchspersonen konnten nicht bestimmen, was sie tun sollen, noch ob sie es tun wollen.

Bestimmen konnten sie nur den Zeitpunkt der zuvor festgelegten Bewegung.

Zum Zeitpunkt der Handbewegung wurde nicht über das Ob, sondern nur über das Wann entschieden.

Libet hat Zeitpunkte gemessen, an denen Versuchspersonen eine Bewegung vollführt haben, und er hat gemessen, dass während dieses Experimentes neuronale Aktivitäten im Hirn messbar waren.

Eine deterministische Verknüpfung dieser beiden Messungen hat er aber nicht gemessen, da diese Verknüpfung nicht vorhanden ist, sondern nur experimentell hergestellt worden ist.

Damit ist also die Freiheit des Willens durch das Libet-Experiment keineswegs widerlegt, auch wenn die Hirnforscher deswegen schmollen: "Wenn Willensfreiheit mit wissenschaftlichen Mitteln nicht zu fassen ist, will ich damit nichts zu tun haben". Das erinnert an den Betrunkenen, der seinen verlorenen Autoschlüssel unter der Straßenlaterne sucht, obwohl er weiß, das er ihn anderswo verloren hat – "weil ich nur dort suchen kann, wo Licht ist".

Es gibt aber auch lernwillige Hirnforscher, wie z.B. Karl Zilles, der zum Libet-Experiment sagt:
"Besonders wichtig für die kritische Interpretation des Experiments erscheint mir die Tatsache, dass dabei gar nicht die freie oder nicht freie Willensentscheidung in ihrer zeitlichen Relation zum Bereitschaftspotential bestimmt wurde, sondern nur das Bewusstwerden der Willensentscheidung".

Zusammenfassend lässt sich also sagen, dass die Tatsache, dass Gehirnforscher den freien menschlichen Willen nicht finden, nicht bedeutet, dass es ihn nicht gibt.

Das ware genau so logisch wie wenn der Kriminalist sagen würde: Wenn wir den Mörder nicht finden, dann gibt es auch keinen.

Also, neuronale Determination und Freiheit passen zusammen, es gibt keinen Gegensatz.

Willensfreiheit ist Selbstbestimmung – sie ist weder erzwungen noch zufällig. Es kommt nicht darauf an, ob eine Handlung determiniert ist, sondern wodurch – durch mich oder andere oder anderes.

Abschließend können wir festhalten, dass es sich be idem Determinismus vs. Freiheit Disput wieder um ein Scheinproblem handelt.

Und der Namenspatron des gleichnamigen Instituts Max Planck sagte dazu: "Von außen betrachtet ist der Wille kausal determiniert, von innen betrachtet ist der Wille frei.

Mit der Feststellung dieses Sachverhalts erledigt sich das Problem der Willensfreiheit. Es ist nur dadurch entstanden, dass man nicht darauf geachtet hat, den Standpunkt der Betrachtung ausdrücklich festzulegen und einzuhalten.
Wir haben hier wieder ein Musterbeispiel für ein Scheinproblem".

## 9. Wie Kant die Scheinprobleme Leib-Seele und Freiheit- Determinismus löste

In seiner Abhandlung "Was ist Aufklärung" aus dem Jahre 1784 zeigt Kant
auf, was er von "geistiger Unmündigkeit" hält:
"Unmündigkeit ist das Unvermögen, sich seines Verstandes ohne Anleitung durch einen anderen zu bedienen. Faulheit und Feigheit sind die Ursachen, warum ein so großer Teil der Menschen gerne zeitlebens unmündig bleibt; und warum es anderen so leicht gemacht wird, sich zu deren Vormündern aufzuwerfen.
Es ist so bequem, unmündig zu sein ... sapere aude! Habe den Mut, dich deines Verstandes zu bedienen".
Kühnes Selbstdenken statt bequemes Nachplappern war Kants Leitmotiv und führte ihn zu Erkenntnissen, deren Klarheit und Aussagekraft noch heute begeistern können.
Nach Kant hat jedes Objekt zweierlei Bedeutung: einmal als Erscheinung und zum zweiten als "Ding an sich".
Die Welt der Erscheinungen ist die Sinnes- oder empirische Welt, die durch Heteronomie, d.h. Kausalität aus Naturgesetzen bestimmt wird.
Der Mensch gehört dieser Welt als Naturwesen an; er befindet sich hier unter dem unerbittlichen Gesetz der Kausalität und Determination, nach der jeder Ge-

genstand, jede Tat und jede Handlung ihre bestimmten Ursachen haben, die notwendig bestimmte Folgen nach sich ziehen.

Hier ist der Mensch determiniert, fremdbestimmt, den Naturgesetzen ausgeliefert.

Aber das ist nur eine Seite der Medaille.

Der Mensch lebt auch und zugleich in einer intelligible oder Verstandeswelt, d.h. in einer Welt der Dinge an sich, die durch Autonomie bestimmt wird.

Dieser Welt gehört der Mensch als Vernunftwesen an; hier setzt der menschliche Wille selbst Ursachen und damit den Beginn einer Ursachen-Wirkungskette.

In dieser Vernunftwelt gibt sich der Mensch "moralische Gesetze" und nicht die Natur, und hier ist der Mensch frei von Fremdbestimmung.

Somit ist dem Menschen also neben seinem determinierten Eingebundensein in die ihn umgebenden Naturgesetze die Freiheit gegeben, vernünftig und autonom zu denken und zu handeln.

Determinismus und Freiheit schließen sich also nicht gegenseitig aus, sondern sind – in getrennten Denkwelten – vorhanden.

Dieses Ausschalten des Determinimus-Freiheit-Antagonismus führt Kant zur "Autonomie der reinen praktischen Vernunft", zu einer Freiheit, die selbst die Bedingung und Voraussetzung für die Kantsche Ethik darstellt.

Basierend auf der selbst gewählten Freiheit gibt sich der Mensch nach Kant qua Vernunft moralische Gesetze, und er hat die Pflicht, diese uneingeschränkt zu befolgen.

Aus seiner autonomen Denkfähigkeit leitete Kant eine Ethik ab, die nicht Gesetze für Handlungen festlegte (das ist Aufgabe der Rechtslehre), sondern Vorgaben für Maximen der Handlungen, wie z.B. Ehrlichkeit, Treue, Wahrhaftigkeit etc., die einvernehmlich als erstrebenswert im menschlichen Zusammenleben gelten können.

Damit wurde die Art des Zusammenlebens von Menschen ethisch eine Art Selbstgesetzgebung durch die praktische Vernunft, und diese daraus abgeleiteten sittlichen Vorgaben waren verbindlich, hatten einen "imperativen" Charakter.

Der berühmte "kategorische Imperativ" Kants – "handle so, dass die Maxime deines Willens jederzeit zugleich als Prinzip einer allgemeinen Gesetzgebung gelten könne" – zeigte eindeutig, wie der Mensch sich zu verhalten hat.

Somit waren und sind auch das Gute und das Böse "Möglichkeiten menschlicher Selbstbestimmung und keine von der Natur vorgegebenen Schicksale, den was der Mensch im moralischen Sinn ist – gut oder böse – das entscheidet er selbst.

Also, auch das Böse ist eine Option der Freiheit, den als Vernunftwesen besitzen wir immer den Entscheidungsspielraum, welchen Antrieben wir Einfluss auf unser Handeln einräumen.

Es zeigt sich also, dass menschliche Vernunft – richtig und zukunftsoffen und nicht falsch interessenorientiert angewendet – Ergebnisse kreiert, die auch nach über 200 Jahren noch ihre Gültigkeit haben.

Und an dieser Stelle sei fairerweise auch gesagt: Den Wunsch, dass die Vernunft des Menschen letztendlich die Herrschaft über die Triebe gewinnt, hat Freud in seinen späten Aufzeichnungen auch geäußert, so in "Über die Weltanschauung" 1932:

"Andererseits gehört der Intellekt – oder nennen wir ihn bei seinem uns vertrauten Namen, die Vernunft – zu den Mächten, von denen man am ehesten einen einigenden Einfluss auf die Menschen erwarten darf, die Menschen, die so schwer zusammenhalten und darum kaum zu regieren sind. Man stele sich vor, wie unmöglich die menschliche Gesellschaft würde, wenn jedermann auch nur sein eigenes Einmaleins und seine besonderen Längen- und Gewichtseinheit hätte. Es ist unsere beste Zukunftshoffnung, dass der Intellekt – der wissenschaftliche Geist, die Vernunft – mit der Zeit die Diktatur im menschlichen Seelenleben erringen wird. Das Wesen der Vernunft bürgt dafür, dass sie dann nicht unterlassen wird, den menschlichen Gefühlsregungen und was von ihnen bestimmt wird die ihnen gebührende Stellung einzuräumen.

Aber der gemeinsame Zwang einer solchen Herrschaft der Vernunft wird sich als das stärkste einigende Band unter den Menschen erweisen und weitere Einigungen anbahnen".

# 10.    Die bedingte Freiheit des Menschen

In einer Welt, in der der menschliche Verstand immer mehr Probleme zu lösen in der Lage ist, mutet es seltsam an zu beobachten, wie viel Zeit dafür investiert wird, Probleme lösen zu wollen, die keine sind.
Sicherlich bedarf es einiger Anstrengung zu erkennen, dass sein Problem kein Problemn ist, aber offensichtlich bedarf es noch mehr Mut, dieses auch zuzugeben, und bisweilen wird dieser Mut auch noch durch Interessenlagen beeinträchtigt.
Immer dann, wenn das Eintreten für spezielle Erkenntnisse, das uneinsichtige Kämpfen für nicht haltbare Thesen, krankhafte Formen annimmt, kann man getrost davon ausgehen, dass es sich um "Arbeitsbeschaffungsaufgaben von Scheinproblemlösern" handelt.
So wie die Psychoanalytiker für die Triebsteuerung und die Gehirnforscher für den neuronalen Determinismus des Menschen kämpfen und dabei blind sind für die sie widerlegenden Argumente, so wichtig ist es, dass es Menschen gibt, die diese Scheinprobleme entlarven.
Einer dieser Menschen, die sich mit dem Scheinproblem Determinismus-Ftreiheit beschädftigt haben, ist der Philosoph Peter Bieri.
Durch das Aufstellen der These der "bedingten Freiheit" und der Antithese der "unbedingten Freiheit"

und deren Widerlegung gelingt es Bieri, sein Ziel zu erreichen.

Zur Veranschaulichung seiner Beweisführung verwendet er die berühmte literarische Figur des Studenten Raskolnikov aus Dostojewskis Roman "Schuld und Sühne", der eine wucherische Pfandleiherin mit einer Axt erschlägt.

Die Aufklärung dieser Straftat und das Beantworten der Frage, wie es zu dieser Tat kommen konnte und ob Raskolnikov dafür zur Verantwortung gezogen, also bestraft warden kann, bilden den spannenden Stoff dieses Romans und die Herleitung der Willens- und Handlungsfreiheit des Menschen.

Entscheidend für die Willens- und Handlungsfreiheit ist die Fähigkeit des Menschen, überlegen zu können, bevor er etwas tut, und in diesen Überlegungen zeigt sich der Spielraum verschiedener Möglichkeiten, zwischen denen wir wählen können.

Diese Fähigkeit, aus alternativen Möglichkeiten diejenige auszuwählen, die ich nach reiflicher Prüfung für die richtige und angemessene halte, zeigt, dass wir Urheber unseres Tuns sind und eben nicht Spielball unbeeinflussbarer Determinanten des Weltgeschehens.

Voraussetzung für diese Urheberschaft sind einzig und allein zwei Tatsachen: etrstens, dass wir über uns selbst als Handelnde, Denkende und Wünschende nachdenken können und zweitens, dass wir etwas wollen und handlungswirksam werden lassen, in

Bewegung setzen und dass wir auch so frei sind, es eben nicht zu tun.

Und es gehört zu den Erfahrungen dieses Entscheiden-Könnens, dass wir die Zukunft unseres Wollens und Tuns als offen erleben.

Es steht dabei außer Frage, dass wir unsere Willensentscheidungen dabei nicht in einem "erfahrungsleeren Raum" treffen.

Natürlich spielen unsere körperlichen Bedürfnisse, Gefühle, unsere Erlebnisse in der Vergangenheit und viele andere Dinge mehr eine Rolle bei unserer Willensbildung.

Aber sie sind kein Hindernis für unseren freien Willen, sondern deren Voraussetzung, und sie sind auch keine Determinanten unseres Willens.

Die einzige Bedingtheit unseres Wollens ist unser Denken und Entscheiden, und die einzige Bedingtheit unseres Handelns ist unser Wollen!

Gäbe es diese Bedingtheit nicht, könnten wir also von einer "unbedingten" Freiheit des Willens sprechen, hätte das fatale Folgen, wie Bieri in einem Beitrag ausführte:

"Einen unbedingten freien Willen kann sich niemand wünschen, den er ware ein Wille, der niemanden gehörte; verknüpft weder mit dem Körper noch dem Charakter, noch dem Erleben, noch der Lebensgeschichte einer bestimmten Person.

Er ware vollkommen zufällig, unbegründet, unbelehrbar und unkontrollierbar. Einen solchen launischen Willen zun haben ware nicht die Erfahrung der Freiheit, sondern ein Alptraum".

Aber aus der Tatsache der bedingten Freiheit den Unterschied zwischen Frteiheit und Unfreiheit des Willens erklären zu wollen, ist nach Bieri ein schwerwiegender Fehler.

Denn der einzige Unterschied zwischen freiem und unfreiem Willen besteht darin, dass unser Wille frei ist, wenn er sich unserem Urteil darüber fügt, was zu wollen richtig ist, und der Wille ist unfrei, wenn Urteil und Willen auseinanderfallen, wir also Handlungen begehen, die wir bei "klarem Verstand" nicht begangen hätten.

Die Bedingtheit unseres Willens verteidigt Bieri auch erfolgreich gegen die

"scheinproblemorientierten Hirnforscher, in dem er sagt: "Der tausendfach beschworene Konflikt zwischen Determinismus ist keiner. Dieser angebliche Konflikt ist nicht mehr al seine mächtige rhetorische Suggestion, die man außer Kraft setzen muss.

Der Kontrast zu Determinismus ist der Indeterminismus, und der Kontrast zur Freiheit ist nicht der Determinismus, sondern der Zwang."

Die Aussage der Neurobiologen, dass es in unserer Welt Ereignisse gibt, die durch eindeutige Vorbedingungen bestimmt warden, haben für die Frage nach der Willensfreiheit keinerlei Bedeutung, spielen auf einer ganz anderen Ebene.

Die neurobiologischen Entdeckungen im menschlichen Gehirn können die Willensfreiheit nicht als Illusion entlarven. Wenn sie etwas entlarven, dann nur "metaphysische Missverständnisse von Freiheit".
Um diese zu enhtlarven, brauchen wir die Neurobiologen gar nicht:
Klares Denken genügt!
Aber, der Philosoph Bieri, de uns durch sein Nachdenken das Konzept der bedingten Freiheit des menschlichen Willens gebracht hat, trägt damit auch die Veranwortung dafür, dass wir uns für die Folgen unseres Handelns verantworten müssen, den jemanden verantwortlich zu machen, heisst ihm zu sagen: "Wir beurteilen das, was du getan hast im Hinblick auf das, was du wolltest, und das, was du wolltest, in Bezug auf bestimmte anerkannte Normen. Unsere Idee von Verantwortung lebt von dem Gedanken, dass der Betreffende handelte und sich nicht nur unwillkürlich bewegte, das ser die Normen kannte und das ser die Freiheit hatte, nicht gegen die Normen zu verstoßen.
Das heist. Er hätte es sich anders überlegen können, dann etwas anders wollen können, dann etwas anderes tun können".
Damit wird deutlich, dass die Bedingtheit der Freiheit nicht gegen die Idee der Verantwortung ausgespielt werden kann.

Der Richter sagt zu Raskolnikov: "Wenn einer durch sein Denken, Wollen und Tun den moralischen Standpunkt missachtet, erleben wir ihn als jemanden, der unsere gesamte äußere und innere Ordnung angreift, die wir uns in unserer Eigenschaft als Menschen geschaffen haben".

Das heisst aber auch in der Konsequenz, dass Raskolnikovs Tat bestraft werden muss.

Der Richter sagt ihm: "Wenn wir in einer friedlichen Welt leben wollen, müssen wir die Menschen dazu bringen, dass sie sich an Regeln halten, und so wie die Menschen nun einmal sind, geht das nur, wenn wir ihnen das Leid vor Augen führen, das sie riskieren, wenn sie die Regeln verletzen".

Apropos Richter – was sagt eigentlich die heutige Justiz zum Thema Verantwortung? Wie gehen unsere Gerichte mit dem Verantworten für das eigene Handeln um?

## 11.    Täter  und Opfer in unserer Gesellschaft

### a) Beispiel Ljiljana M.

Ljiljana M. (16 Jahre) ist Boss einer Mädchen-Gang, die im Jahre 2003 in Hamburg Mitschülerinnen beraubt und körperlich malträtiert.

Über Monate hält sie mit ihren brutalen Freundinnen einen ganzen Stadtteil in Atem und verbreitet Angst und Scjhrecken. Mehrere ihrer Opfer müssen mit erheblichen körperlichen Verletzungen medizinisch versorgt werden.

Doch dann wird die Jugendliche endlich festgenommen, kommt vor Gericht und wird schuldig gesprochen.

Soweit – so recht.

Denn der Schuldspruch des Richters bleibt ohne Konsequenz, ohne Strafe.

Der Richter verfügt: ob im Falle Ljiljana M. eine Jugendstrafe verhängt wird, darüber soll erst nach Ablauf eines Jahres entschieden werden, eine Schonfrist also – in dieser Zeit muss sich die Täterin bewähren, u.a. durch den Besuch eines Anti-Aggressions-Kurses.

Die öffentliche Resonanz auf dieses "Nicht-Urteil" war gewaltig. Man sprach von Verhöhnung der Opfer, von falschen Signalen für jugendliche Straftäter.

Hier stellt sich die Frage, mob die Kritik an einem nicht nachvollziehbaren Urteil einen unzulässigen

Eingriff in die richterliche Unabängigkeit dar oder ist diese Kritik zulässig, ja notwendig, da Richter "nicjhtbin einem luftleeren Raum schweben" und ihre Unabhängigkeit wie ein Schutzschild vor sich hertragen können.

Unterstützt wurde die Kontroverse durch das Verhalten der Täterin, die sich nach der Urteilverkündung wie ein Showstar gebärdete, inxdem sie mit Freunden, singend, tanzend und lachend durch das Gerichtsgebäude gelaufen war und immer wieder gerufen hat: "Ich bin freigesprochen!"

Die Staatsanwaltschaft legte zwar Berufung gegen das Urteil ein – eine Berufungsverhandlung hat aber nie stattgefunden.

### b) Beispiel Wilfried S.

In dem aufrüttelnden Aufruf "Lasst diesen Mann frei!" forderte der STERN in seiner Ausgabe 11/2001 die Justiz auf, den Sexualstraftäter Wilfried S. nach 30 Jahren in der Psychiatrie endlich freizulassen.

Über 7 Seiten schilderte der STERN-Redakteur Günter H. in herzzerreißender Manier, wie qualvoll das Leben des Wilfried S. in der "Klappse" gewesen sei:

"Seine Privatsphäre, seine Freiheit, seine Würde – das alles hat man ihm genommen".

Und das war die Ausgangsituation:

1971 hatte S. als 17-jähriger eine junge Frau brutal angefallen und ihr die Unterwäsche vom Leib gerissen.

S. wurde verurteilt, kam aber mit "attestierter Schuldunfähigkeit" nicht ins Jugendgefängnis, sondern in die Psychiatrie.

Im Sachverständigengutachten wurds S. als "schwachsinnig, kritiklos und verführbar" beschrieben.

Wilfried S. "sei ein bildungsunfähiger Imbeziller, weder durch ärztliche noch psychotherapeutische Behandlung zu fördern oder gar zu heilen".

Alle zwei Jahre wurde dieses Gutachten überprüft und bestätigt. Die Gutachter warnten entschieden davor, S. freizulassen, da er immer noch eine Gefahr für die Allgemeinheit darstelle.

Sie attestierten ihm "aggressive Wutausbrüche und eine abnorme Sexualität".

"Es besteht weiter eine Debilität mit abnormer Persönlichkeitsentwicklung, wobei er fetischistische Neigungen (Damenunterwäsche) zeigt".

Noch 1994 bescheinigten ihm die Gutachter:

Nach einer Freilassing "seien innerhalb kürzester Zeit Straftaten von S. zu erwarten".

Dessen ungeachtet forderte der STERN die Freilassung des Täters und beauftragte einen bekannten forensischen Psychiater, den jetzt 47-jährigen zu begutachten.

In seiner 60-seitigen Expertise kam dieser Psychiater zu dem Urteil: "Der Mann muss raus – und zwar sofort!"

Auch finanziell ließe sich nach Meinung des STERN ein längerer Aufenthalt von S. in der Psychiatrie gegenüber dem Steuerzahler nicht rechtfertigen.

Der Gutachter bestätigte in seiner Expertise zwar den Grund der Verurteilung des damals 17-jährigen, da "S. noch vor Eintritt der Geschlechtsreife in seiner Lebens- und damit auch Beziehungsgestaltung von Fremdbestimmung abhängig war und ihm daher nicht möglich gewesen sei, seine sexuelle Identität durch selbst gewählte Erfahrungen und seine Geschlechtsrolle in freier und ungestörter Partnerwahl zu bestimmen".

Das sei – so der Gutachter – aber die Vergangenheit.

Heute – 30 Jahre später – komme er zu folgendem Schluss: "Der seinerzeit vermutete Defektzustand konnte zwischenzeitlich im Rahmen mehrerer Nachuntersuchungen ausgeschlossen werden (es gab jedoch nachweislich nicht eine Untersuchung, die diese Aussage hätte unterstützen können).

Ein ursächlicher Zusammenhang zwischen dem jetzigen, durch transvestischen Neigungen (S. hatte sich Damenunterwäsche über einen Versandhauskatalog in die Klinik schicken lassen) bestimmten Zustand des Herrn S. und den von ihm begangenen Taten ist jedoch nicht erkennbar.

Daher sind von ihm, infolge seines Zustandes, erhebliche rechtswidrige Taten nicht zu erwarten".

Die Klinikärzte sahen den Fall aber immer noch anders.

Das Landgericht Lübeck war jedoch von dem Gutachten so angetan, dass es trotz schwerster Bedenken der Klinikärzte das Urteil gegen S. aufhob, und er konnte das Gericht ohne jegliche Auflagen verlassen, "da die Grundlage für das Urteil 1970, die Diagnose Schwachsinn und damit die Voraussetzungen für die Unterbringung in der Psychiatrie entfallen seien (Strafgesetzbuch §67d)".

Der STERN jubelte in seiner Ausgabe 21/2002), in der ein Foto von S. veröffentlicht wurde, das ihn strahlend beim Verlassen der Psychiatrie zeigte: "Justizskandal. Endlich frei! Auf diesen Augenblick hat Wilfried S. fast ein Leben lang gewartet."

Nu ein paar Wochen nach seiner Freilassung überfiel Wilfried S. eine 20-jährige und vergewaltigte sie brutal.

Dieser Fall machte die Diskussion über "die Macht der Gutachter" erneut virulent und entfachte eine Kontroverse, die bis zum heutigen Tag einer Lösung hart.

Über die Verantwortung von Gutachtern, die sich wie besserwisserische Richter aufspielen und Warnungen von Ärzten, die über Jahre einen Sexualstraftäter behandeln und beobachten, größenwahnsinnig hinwegsetzen, besteht auch heute noch ein großer Diskkussionsbedarf.

Aber das Kapitel Wilfrie S. war noch nicht abgeschlossen.

Nachdem er festgenommen war und vor Gericht gestellt wurde, weigerte S. während des gesamten Prozesses, in dem das Opfer gezwungen war, detailliert über die abscheuliche Tat zu berichten, sich von einem Psychiater untersuchen zu lassen.

Der Sachverständige musste daher sein Gutachten auf die Akten und Aussagen der Ärzte stützen und kam daher zu der gleichen Schlussfolgerung:

S. leide unter einer schweren Persönlichkeitsstörung und sei daher vermindert schuldfähig, was die Wiederaufnahme in einer psychiatrischen Klinik bedeutet.

Aber auf einmal war alles ganz anders.

Mit Unterstützun seines Anwalts willigt S. plötzlich in eine persönlche Begutachtunfg durch Sachverständige ein. Sein Ziel ist es natürlich, als völlig schuldfähig anerkannt zu werden, damit er nach Verbüßung der Haftstrafe freikommt und nicht zur Sicherungsverwahrung in die Psychiatrie.

Das Gericht musste diesem Wunsch des Angeklagten nachkommen.

Da diese aufwendige persönliche Untersuchung aber mehr als 10 Tage in Anspruch nehmen würde, eine Hauptverhandlung jedoch nicht mehr als   10 Tage unterbrochen werden darf, musste diese komplett neu aufgerollt werden.

Laut Strafprozessordnung hat diese Neuaufnahme der Verhandlung aber zur Folge, dass das Vergewaltigungsopfer seine Aussagen noch einmal in voller Länge vor Gericht wiederholen muss.

So geschieht es, dass der Sexualverbrecher Wilfrie S. und sein Verteidiger das Opfer noch einmal vorführen und ihm klarmachen, dass sie die Herren des Verfahrens sind, dass die Vergewaltigte die Qual einer umfassenden Befragung zun ihrem Martyrium noch einmal über sich ergehen lassen muss, weil es ihnen beliebt.

Das ist das Gegenteil von Opferschutz. Das ist Täterrecht mit Hilfe der Strafprozessordnung!

### c) Beispiel Jessica S.

Über viele Monate wird Jessica S. von ihren Eltern in ihrem Zimmer in einer Hamburger Mietskaserne wie ein "Huhn im Käfig gehalten".

Die Fenster des Kinderzimmers sind mit dunkler Folie verklebt, Licht und Heizung sind abgedreht.

Seit 3 Monaten hat Jessica so gut wie nichts mehr zu essen und zu trinken bekommen, als sie – auf 9,5 kg abgemagert – Anfang März 2005 ihren Qualen erliegt. Wieder einmal hatte niemand von der Marter der Jessica etwas bemerkt.

Ihre Mutter bekommt als 17-jährige ihr erstes Kind, das sie zur Adoption freigibt.

1990 heiratet sie und bekommt während ihrer Ehe 2 weitere Kinder, auf deren Sorge-und Besuchsrecht sie bei der Scheidung 1998 verzichtet.

Bei ihrer Scheidung lebte sie bereits mit Burkhard M. zusammen, dem Vater von Jessica.

Als die Familie 2000 eine Hochhauswohnung im Hamburger Stadtteil Jenfeld bezieht, brechen die Eltern sämtliche Beziehungen zu Verwandten und Bekannten ab.

Im August 2004 beginnt die Schulpflicht für Jessica.

Alas die Eltern bis Mitte März 2004 Jessica nicht angemeldet haben, schaltet sich die regionale Beratungs- und Unterstützungsstelle der Schulbehörde ein.

Dreimal versuchen die Mitarbeiter einen Hausbesuch, doch nie treffen sie Jessica oder ihre Eltern in der Wohnung an.

Daraufhin leitet die Schulbehörde ein Bußgeldverfahren gegen die Eltern ein und schickt ihnen den entsprechenden Bescheid über 60€.

Weiter geschieht nichts.

Mit dem Bußgeldverfahren ist die Akte für die Schulbehörde geschlossen. Andere Behörden wie etwa Jugend- oder Sozialamt werden nicht eingeschaltet. Auch nicht die Polizei, die schon bei "normalen Schulschwänzen" aktiv wird.

Dazu der Originalton des Sprechers der Schulbehörde:

"Es gab bei den Hausbesuchen und auch spatter keine Anzeichen, dass das Wohl des Kindes unmittelbar gefährdet war".

Und auf die Frage, ob niemand misstrauisch geworden ist, als bei den Hausbesuchen nie jemand die Tür öffnete, antwortete der Schulbehördensprecher: "Die Familie hätte auch einfach umgezogen sein können".

Erkundigungen beim Einwohnermeldeamt waren nicht eingeholt worden.

Abschließend zu diesem Fall der Kommentar des sachkundigen Experten

Der Kinder- und Jugendpsychiatrie:

"Es muss davon ausgegangen werden, dass die Eltern von Jessica früher sebst extreme stark vernachlässigt wurden und ebenfalls schwerste körperliche Misshandlungen erlitten haben. So ein ungebremster, sadistischer Impuls entsteht meistens aus der Lebensgeschichte der Eltern.

In diesen Fällen kann es zu einer Fehlwahrnehmung kommen. Die Eltern stilisieren ihre Kinder zu kleinen Teufeln, die sie für ihr angeblich bösartiges Verhalten bestrafen wollen".

Da haben wir es wieder:

Eltern mit einer harten Kindheit dürfen ihre Kinder quälen. Sie sind nicht für ihr abartiges Verhalten verantwortlich, den eigentlich gehören ihre Eltern bestraft und deren Eltern und deren Eltern ...

Aber offensichtlich gibt e immer noch ausreichend Psychiater, wie den zitierten Professor Dr. Peter Riedesser, die ihre verinnerlichten Freud-Traumata beruflich zum Schaden der Gesellschaft einsetzen.

### d) Abschließende Beispiele der besonderen Art

**Schwerin 2004**
Ein Schweriner Lehrer muss für sexuellen Missbrauch an Jungen in 11 Fällen nicht ins Gefängnis.
Das Amtsgericht Schwerin verurteilt den 36-jährigen Mann zu einer zweijährigen Freiheitsstrafe auf Bewährung.
Als Grund für diese Mildtätigkeit gegenüber einem Sexualverbrecher nennt die vorsitzende Richterin, das der Mann ein umfassendes Geständnis abgelegt hätte und nicht vorbesgtraft sei.
Die Taten, so schwerwiegend sie für die Kinder auch seien, lägen zumeist im "unteren Bereich des sexuellen Missbrauchs".
Stimmt – im unteren Bereich der jugendlichen Körper!
Wieder ein Beispiel von Täterschonung und Opferverhöhnung!

## Bergisch Gladbach 1999

Zu zwei Jahren Haft mit Bewährung wegen Vergewaltigung seiner ehemaligen Freundin verurteilte das Bergisch Gladbacher Schöffengericht den 37-jährigen Peter K.

"Die Tatsache, das ser seine ehemalige Lebensgefährtin Claudia W. und nicht eine fremde Frau missbraucht hätte", sah das Gericht neben dem Geständnis des arbeitslosen Elektrikers als strafmildernd an.

Noch Fragen?

## Köln 2000

Jahrelang misshandeln die Eltern ihre Tochter.

Ausgeschlagene Zähne, extremes Untergewicht, Narben am ganzen Körper von Schlägen mit Küchenbeil, Bambusstock und Gummischlauch sind die äußeren Zeichen der körperlichen Gewalt, die das Ehepaar ungerührt praktizierte.

Nach zwei Jahren Qual gelingt der Schülerin schließlich die Flucht aus dem Elternhaus, und sie vertraut sich dem Jugendamt an. Seitdem lebt das Mädchen in einer betreuten Wohngruppee.

Beim Prozess sitzen die Eltern mit einem "leidvollen Gesicht" auf der Anklagebank und stellen ihre Tochter bis zuletzt als Lügnerin hin.

Als das Gericht darstellt, dass sie damit nicht weiterkommen, legen sie ein Geständnis ab.

Weil dadurch dem Opfer die Aussage und damit ein weiteres Martyrium erspart bleibt, kommen die Eltern mit Bewährung davon.

In diesem Falle musste das Gericht nicht mal mehr feststellen, dass die Eltern "wohl eine sehr harte Kindheit hinter sich haben!"

**Hamburg 2004**

Die 32-jährige Mutter, die kurz vor Weihnachten 2003 ihtre 15-monatige alte Tochter und ihren 6-jährigen Sohn mit einem Tranchiermesser totmetztelte wird nicht bestraft.

Die Gutachter beim Prozess attestieren der Frau eine "krankhafte Eifersucht" ihrem Mann gegenüber, die dazu führte, dass sie "im Rachewahn zum Messer griff, um ihren Mann bis an sein Lebensende zu bestrafen".

Das psychiatrische Gutachten kommt zu dem Ergebnis, dass bei der Frau zur Tatzeit eine "schwere Persönlichkeitsstörung" vorlag, und das Strafgesetz sagt: "Ohne Schuld handelt, wer wegen einer krankhaften seelischen Störung, wegen einer tiefgreifenden Bewusstseinsstörung unfähig ist, das Unrecht der Tat einzusehen, oder nach dieser Einsicht zu handeln, ist als Täter schuldunfähig".

Derartig kranken Tätern droht dafür eine Unterbringung in einer geschlossenen Anstalt.

Einen solchen "Wegschluss" hat jedoch die Staatsanwaltschaft verworfen, weil die wichtigste

Voraussetzung dafür fehle: Die Frau seine keine Gefahr für die Allgemeinheit, und es gäbe auch keine Wiederholungsgefahr.

Woher sollte diese Frau auch so schnell zwei neue eigene Kinder kriegen!

### e) Was lernen wir aus diesen Beispielen?

Es gibt zumindest drei wesentliche Erkenntnisse aus dem Täter-Opfer-Verhältnis in Deutschland:

- Als Opfer hast du selbst als Überlebender "die schlechteren Karten"
- Täter zu sein, bringt so einige Vorteile: man steht im Rampenlicht, wird beachtet, man kann sich auf eine wohlwollende Behandlung zumindest durch die Strafjustiz verlassen und man wird kaum an Wiederholungtaten gehindert
- Das Leid der Opfer wird durch den Täterschutz vermehrt.

Zusammenfassend kann man sagen, dass sich das Opfer von Straftaten die größte Schuld auf sich geladen hat, indem es Opfer geworden ist.
Das klingt nur vordergründig zynisch, aber wenn selbst die renommierte ZEIT in einem Leitartikel sagt, das "das beste Mittel gegen Jugenddeliquenz das

Älterwerden" sei und Strafe durch Erziehung erset-
zen will und daher auch Jugendgefängnisse als "beste
Bildungsstätten für Nachwuchsganoven" bezeichnet,
dann ist es nicht verwunderlich, dass sich Täter in
Deutschland so wohl fühlen.

Das Mitfühlen mit den Tätern, das dazu führt, dass in
vielen Strafprozessen der überwiegende Teil der Ver-
handlungen dazu genutzt wird zu belegen, dass der
Täter für die Tat nicht verantwortlich sein kann,
bringt für die Opfer neben dem Leid noch Verhöhnung.

Nicht der Täter ist schuldig, sondern

- Die Eltern
- Die Erziehung
- Die Gesellschaft
- Die Triebe
- Der Zufall
- Im Grunde wir alle.

Der Täter als "Marionette des Schicksals" – das so
schwer zu bestrafen ist – letztenendes schuldlos,
nicht    verantwortlich    und    daher    auch
"schützenswert", wie der Leiter des Kriminologischen
Forschungsinstitutes in Niedersachsen, Christian
Pfeiffer, nach dem Geständnis eines Jugendlichen, der
ein Mädchen erdrosselt hatte, in einem Interview
sagte, denn "die zunehmende Dämonisierung der

Täter und die drohende Härte der Strafe erhöhen das Risiko der Opfer".

Das heisst doch im Umkehrschluss, dass sich das Risiko der Opfer vermindert, wenn wir dem Täter nicht mit einer Bestrafung drohen.

Unterstützt wird dieses "Täterschutzprogramm" von sog. Experten, z.B. Psychologen, die dem Täter "mangelnde Schuldfähigkeit" oder "erfolgversprechende Resozialisierungschancen" attestieren.

Und obwohl der Bundesgerichtshof schon 2003 festlegte, dass "Ärzte zur Verantwortung gezogen werden können, wenn ein posychisch kranker Straftäter auf Grund ihrer Beurteilung z.B. bei einem Ausgang ein Verbrechen begeht", wird von diesem Urteil kein Gebrauch gemacht.

Woran liegt es also, dass man in Deutschland den Opfern von Straftaten oft doppelt schadet, indem man ihnen und nicht den Tätern schuldhaften Verhalten vorwirft und die Täter schützt, indem man ihnen die Verantwortung für die Tat abnimmt?

Die Hauptursachen dieser "Verantwortungslosigkeit" von maßgeblichenm Entscheidern in unserer Gesellschaft haben wir bereits unter dem Thema "Freuds Psychoanalyse abgehandelt", was vieles deutlich macht, aber keineswegs die Entscheider entlastet.

Aber bevor wir uns mit der notwendigen Entlarvung der "Entscheiderschuld" und möglicher Bewältigungsstrategien widmen, wollen wir der Frage nachgehen, ob es nicht "ein Recht auf Strafe" gibt.

## 12. Das Recht auf Strafe

In einem Zehnjahresvergleich des Statistischen Amt Hamburg wurde im Jahr 2006 festgestellt, dass "fast 1000 Jugendliche zwischen 14 und 18 im Jahr 2004 von Strafgerichten vetrurteilt worden sind. Diese Zahl ist fast dreimal so hoch wie im Jahr 1994".

Da stellt sich doch die Frage: Ist die Zahl der Straftaten oder die Zahl der Bestrafungen gestiegen?

Beides ist geschehen.

Immer mehr Jugendliche weisen eine erhebliche kriminelle Energie auf, und ganz allmählich wächst bei den Strafjustizinstanzen die Erkenntnis, dass ein Strafvollzug der "milden Hand" nicht zu einer Reduzierung der Straftaten

geführt hat.

Dieser Erkenntnisprozess schreitet aber nur sehr langsam voran, und Urteile bzw. Appelle wie die beiden folgenden sind immer noch die Ausnahme: "Grundschüler können wochenlang vom Unterricht ausgeschlossen werden, wenn sie die Sicherheit ihrer Mitschüler gefährden. Das hat das Verwaltungsgericht Göttingen entschieden und damit dem Antrag einer Mutter gegen eine solche Ordnungsmaßnahme zurückgewiesen.

Der zehnjährige Sohn der Frau hatte einen Mitschüler derart gewürgt, dass dieser Schürfwunden und einen Bluterguss am Hals erlitt.

Die Schule hat diese Tat mit einem sechswöchigen Ausschluss vom Unterricht geahndet. Diese Maßnahme ist nach Überzeugung des Gerichtes absolute angemessen, zumal der 10-jährige bereits zuvor Mitschüler attakiert hatte.

Für die Maßnahme der Schule sei es "unbeachtlich", ob die massive Verhaltensauffälligkeiten des Jungen krankhaft sind und ob er für sein Fehlverhalten nicht oder nur eingeschränkt verantwortlich ist.

Ordnungsmaßnahmen seien nämlich keine "Vergeltung", sondern dienten dazu, "einen ordnungsgemäßen Schulbetrieb zu gewährleisten".

Zeigt sich hier nicht der Ansatz für eine Aushebelung des Schuld-Sühne-Komplexes durch eine Maßnahmenregelung zum Schutze potentieller Opfer?

Wird hier nicht der Weg sichtbar, der fernab von der Klärung der Schuldfrage eine angemessene Bestrafung von Tätern ermöglicht?

Ich komme darauf zurück.

Hier das zweite Beispiel.

Anlässlich der Fragestellung, ob ein SS-Untersturmführer 55 Jahre nach einer Straftat – der Erschießung jüdischer Häftlinge in Theresienstadt – im Alter von 82 Jahren noch bestraft werden kann und soll, konnte man in der Süddeutschen Zeitung folgende Kommentierung lesen:

In einem rechtsphilosophischen Sinne heisst der Strafzweck Gerechtigkeit durch Abschreckung. Abschreckung und Generalprävention, aber nicht nach der umstrittenen Devise, dass hohe Strafen mögliche Nachahmer einschüchtern.

Es ist eine Abschreckung gegen die Ausflucht der Verantwortungslosigkeit.

Sie bedeutet: Der Einzelne ist für sein Handeln verantwortlich.

Die so gerne bei NS-Prozessen eingewandte Berufung auf Befehl und Gehorsam ("Befehlsnotstand") befreit den NS-Täter davon nicht.

Mit dieser Argumentation wurde übrigens auch Eichmann in Jerusalem zum Tode verurteilt.

Die Flucht in die Verantwortungslosigkeit als Strafbestand wäre in der Tat eine Aushebelung der Freudschen Triebtheorie, den die Fluchtbewegung raus aus der Verantwortung ist immer "ein bewusster Willensakt" der Bestrafungsvereitelung.

Dennoch. Im "Nicht-Bestrafungsalltag" gilt zumeist immer noch die Schuld-Sühne-Abfolge mit der Möglichkeit der Entschuldung.

## 13.  Maßnahmenrecht und positive Generalprävention

Die beiden angeführten Beispiele zeigen mögliche Ansätze zur Überwindung der Schuld-Sühne-Problematik, die in ihrer Entstehungsgeschichte jedoch sehr unterschiedliche Gedankenväter hatte.

Der Bundesgerichtshof hatte 1952 in einer Grundsatzentscheidung das Schuldprinzip zur Grundlage des deutschen Strafrechts erklärt und in der Begründung zugleich den sysztematischen Zusammenhang zwischen dem Schuldverständnis und dem ihm innenwohnenden Menschenbild bestimmt: "Strafe setzt Schuld voraus. Schuld ist Vorwerfbarkeit. Mit dem Unwerturteil der Schuld wird dem Täter vorgeworfen, das ser sich nicht rechtmäßig verhalten hat, das ser sich für das Unrecht entschieden hat, obwohl er sich rechtmäßig verhalten, sich für das Recht hätte entscheiden können.

Der innere Grund des Schuldvorwurfs liegt darin, dass der Mensch auf freie, verantwortliche und sittliche Selbstbestimmung angelegt und deshalb befähigt ist, sich für das Recht und gegen das Unrecht zu entscheiden, sein Verhalten nach den Normen des rechtlichen Sollens einzurichten und das rechtlich Verbotene zu vermeiden, sobald er die sittliche Reife erlangt hat und solange die Anlage zur freien sittlichen Selbstbestimmung nicht vorübergehend gelähmt oder auf Dauer zerstört ist.

Voraussetzung dafür, dass der Mensch sich in freier, verantwortlicher, sittlicher Selbstbestimmung für das Recht und gegen das Unrecht entscheidet, mist die Kenntnis von Recht und Unrecht.

Wer weiß, dass das, wozu ersich in Freiheit entschließt, Unrecht ist, handelt schuldhaft, wenn er es gleichwohl tut".

In diesem Grundsatzurteil zeigt sich "eine gesellschaftliche und politisch verbindliche Übereinkunft über die Normen, die wir befolgen müssen und über die Reichweite von Freiheit und Verantwortung, die uns abverlangt werden kann".

Die Übereinkunft über die Normen ist dabei die unzweifelhafte, die Reichweite von Freiheit und Verantwortung die umstrittendste Komponente des Urteils.

Denn letztere setzt Willensfreiheit des Menschen voraus, die von vielen (aus unterschiedlichsten Gründen) bezweifelt wird.

Setzen die Freudianer bei der fehlenden Willensfreiheit primär bei ihrer konstruierten Trieblehre an, die den Menschen zum Spielball unbeherrschbarer Kräfte macht und damit Freiheit im Handeln und Verantwortung und damit folgerecht Schuldfähigkeit mindert oder gänzlich ausschließt, setzen in jüngster Zeit sog. Neurobiologen direkt am menschlichen Gehirn an und unterstellen diesem eine totale Abhängigkeit von – natürlich – unsteuerbaren biologisch-neuronalen Vorgängen im menschlichen Körper.

Der Mensch oder das menschliche Gehirn ist danach nicht "Herr im eigenen Haus", sondern nu rein "von der Biologie gesteuerter Beweger".

Das Gehirn redet sich seine Autonomie und Entscheidungsfreiheit nu rein.

Die fehlende Willensfreiheit verhindert also letztlich eine Schuldbestimmung und Bestrafung der Schuld.

Denkt man nun diesen Tatbestand der fehlenden oder eingeschränkten Schuld zuende (ich unterstelle hier einmal, dass mein Gehirn in autonomer Entscheidung tun kann), gibt es nur zwei Möglichkeiten für Sühne und Bestrafung: Straffreiheit und ggf. Maßregelvollzug, d.h. Einweisung in die Psychiatrie oder Bestrafung ohne Schuldbezug.

Im ersten Fall wird der Mensch zum Objekt der Entscheidung von Ärzten und Psychatern mit den an anderer Stelle bereits ausführlich beschriebenen Risiken.

Im zweiten Fall wird das Schuld- zum Maßnahmenrecht: Der Täter wird für die Nichteinhaltung gesellschaftlicher Normen mit Sanktionen bedroht.

Diese Auflösung des Schuld-Sühne-Konstrukts beinhaltet in seinem Kern eine klare Deutlichmachung der Gültigkeit bestimmter Normen: "Wer eine gesetzte Norm übertritt, hat unangenehme Folgen zu gewärtigen. Hatb er Schaden angerichtet, muss er für ihn aufkommen, in gewichtigeren Fällen muss er mit Strafe rechnen.

Das Maß der Strafe richtet sich insofern an der Idee der Vergeltung, als der Sozialverband in der Strafandrohung deutlich macht, für wie hochwertig er das verletzte Rechtsgut hält – anders ausgedrückt: für in welchem Grade seine Mitglieder das Leben in einer Gesellschaft für unerträglich halten würden, in der die betreffende Norm nicht gälte.

Über das Ziel der Normverdeutlichung lässt sich ohne Schwierigkeiten begründen, warum ein Verbrechen bestraft werden muss, auch wenn kein Risiko besteht, dass der Täter wieder straffällig wird, noch eine abschreckende Signalwirkung angenommen werden kann".

Dabei wird in Kauf genommen, dass die Rolle des Opfers eindeutig in der Hintergrund tritt, den "bei der staatlichen Reaktion auf Straftaten steht nicht das Restitutionsinteresse des Opfers im Vordergrund, sondern das Interesse der Rechtsgemeinschaft an Ermittlung des Sachverhalts, Bestrafung und Behandlung des Täters und Vollstreckung dieser staatlichen Reaktionen.

Das Opfer nimmt hier die Rolle des Zeugen ein, die zwar seinem persönlichen Interesse an der Aufklärung der Tat und Bestrafung des Täters entspricht, jedoch nicht unbedingt dem Interesse an Erholung und produktiver psychischer Verarbeitung des Geschehens".

Diese Art der "positiven Generalprävention" ersetzt das vergeltungsorientierte Strafrecht, das in die Vergangenheit blickt, "durch ein präventivorientiertes und damit zukunftsorioentiertes Strafrecht".

Die Chancen, dass ein derartiges Vorgehen gegen Straftäter in Deutschland Platz greift, sind aber eher gering, da die Verknüpfung von Schuld und Sühne mit den tadellosen Entschuldungsmöglichkeiten und dem verbreiteten Wunsch nach Verantwortungslosigkeit viel besser entspricht.

Aber wer soll diesen gordischen Knoten zerschlagen, wenn niemand Interesse daran hat? Wer kann diese Alexanderrolle übernehmen, ohne  frühzeitig selbst Opfer zu werden?

Solange Psychologen uns einreden, "dass unsere Gesellschaft die Verbrechen, die sie bekämpft, allererst erzeugt und dass sie erzeugen, um sie bekämpfen zu können" – so der Psychologe Arno Plack - können wir sicher sein, dass die ständige Suche nach Entschuldungsmöglichkeiten die Bestrafung von Straftätern weiterhin in den Hintergrund drängen wird.

Wenn wir den Opfern von Straftaten als einzigen Trost nur den Hinweis geben können, dass "die Gesellschaft der Guten und Gerechten einer Behandlung bedürfte, um den an ihrer falschen Moral und Rechtsordnung Gescheiterten ohne Vorbehalt wieder aufzunehmen", dann haben wir den gesellschaftlichen Zustand der Generalamnestie erreicht.

Und wer glaubt, dass nur fehlgeleitete Psychoanalytiker die Gesellschaft, die ihre Aggressionsbedürfnisse abreagieren will, für den Täter hält und demnach die Straftäter zu Opfern macht, der irrt gewaltig.

Unser gültiges Strafrecht öffnet dem Wirken der nicht steuerbaren menschlichen Triebe Tür und Tor, indem es – ohne es zuzugeben – eine vermeintliche "leibliche und triebfeindliche Moral der Gesellschaft" zur Entschuldigung fast jeder Straftat nutzt.

Unser Strafrecht lädt zur Missinterpretation ein, denn es verhindert nicht, dass die ganze Gesellschaft zum Sündenbock gemacht wird, "der ein angeschlagenes Selbstwusstsein durch aggressive Abreaktion an diskriminierten Gruppen zu reparieren" sucht.

Wenn die Gesellschaft diese Sündenbockrolle nicht eindeutig von sich weist und die Straftäter weiterhin aus ihrer Verantwortung entlässt, dann sind anerkannte Normen des menschlichen Zusammenlebens reine Makulatur für Sonntagsreden, und das Recht läge in den Händen von verantwortungslosen Volksverdummern, ob in der Politik oder in der Justiz.

Was gilt es also zu tun?

Handlungsbedarf gibt es vor allem im Strafrecht. Verfolgt man weiter das traditionelle Schuldrecht, dann aber bitte konsequent, d.h. bei voller Schuldfähigkeit die entsprechende Bestrafung und bei voller oder eingeschränkter Schuldunfähigkeit die soforrtige Einweisung in den Maßregelvollzug.

Bei voller Straffähigkeit gibt es keinerlei Strafminderung. Weder ein Geständnis, noch die vor Gericht gezeigte Reue, weder die Tatsache, dass es sich um eine Ersttat handelt, noch der Umstand, dass ein Opfer möglicherweise dem Täter verzeiht, können die Strafe mindern.

Das Strafmaß ist nur abhängig von der Art und Schwere des Verbrechens.

Strafmildernd ist im übrigen nicht der Umstand, dass die Straftat unter Einfluss von Drogen und/oder Alkohol begangen worden ist, den die Tatsache, dass Drogen und Alkohol das Begehen einer Straftat begünstigen können, ist Allgemeinwissen und somit auch jedem Täter vor der Tat gegenwärtig.

Die Haftzeit kann nicht durch gute Führung des Täters verkürzt werden. Resozialisierungsmaßnahmen werden nur dann durchgeführt, wenn mindestens zwei unabhängige Psychiater ein entsprechendes Gutachten erstellen, das einmal pro Jahr überprüft wird.

Sollte sich während der Haftzeit bei dem Häftling nachträglich eine Verminderung der Schuldfähigkeit zeigen, so ist dieser nach Verbüßung der Haftzeit unmittelbar in den Maß0regelvollzug zu überführen.

Unabhängig von der Haftstrafe wird das vorhandene Vermögen des Inhaftierten eingezogen und für Wiedergutmachungs- bzw.

Schmerzensgeldzahlungen an das bzw. die Opfer verwendet.

Während er Haftzeit hat der Häftling außer Verpflegung lediglich Anspruch auf Lektüre von Büchern und Zeitungen, bei guter Führung auch auf ein Radio, sowie auf einen freigang pro Tag.

Diese Ansprüche können – außer Verpflegung - bei schlechter Führung, wie z.B. Randalieren, Bedrohen von Mithäftlingen oder Wachpersonal, für eine bestimmte Zeit gestrichen werden.

Dem Häftling wird die Möglichkeit einer beruflichen Tätigkeit solange eingeräumt, wie er diese bei einwandfreier Führung in Anspruch nimmt.

Bleibt er dieser Tätigkeit ohne Grund, wie z.B. Krankheit fern, kann er von der Tätigkeit ausgeschlossen werden.

Um Resozialisierungsmaßnahmen muss sich der Delinquent aktiv selbst bemühen.

Bei voller oder eingeschränkter Schuldunfähigkeit erfolgt nach dem Urteil die sofortige Einweisung in den Maßregelvollzug.

Einmal pro Jahr wird da der Täter hinsichtlich seiner Resozialisierungsmöglichkeiten überprüft. Dazu erstellen mindestens zwei Gutachter, so wie mindestens zwei Ärzte aus dem Vollzug eine Beurteilung des Täters, die in jedem Fall dem Grundsatz zu folgen hat, dass der geringste Zweifel nur eines der beteiligten Experten über die Resozialisierungschancen des

Täters diesen zumindest für ein weiteres Jahr in der Psychiatrie einbehält.

In jedem Fall muss sichergestellt sein, dass verurteilte Straftäter, die während des Mapßregelbesuchs keine erfolgreiche Therapie durchlaufen bzw. bei denen die Gutachter gravierende Zweifel am Therapieerfolg haben, den Vollzug nicht verlassen dürfen, notfalls bis zum Tode des Täters.

Dies wird übereinstimmend von seriösen Experten vertreten, wie z.B. von der renommierten Psychiaterin Marianne Röhl, Oberärztin in der Psychiatrischen Abteilung des Klinikums Nord in Hamburg:
"Gerade wenn einer schon älter ist oder schon mehrere Tötungsdelikte begangen hat, sehe ich keine andere Möglichkeit, als ihn auf Lebzeiten von der Bevölkerung fernzuhalten".

Andererseirs würde uns die Anwendung der Generalprävention einen erheblich überzeugenderen Schritt in Richtung Reformierung des Strafrechts bringen.

Zum einen befreit uns ein derart ausgerichtetes Strafrecht von der Frage der Schuld bzw. Schuldfähigkeit des Täters und lässt die Frage nach dem freien Willen des Täters unwichtig erscheinen.

Die Bestrafung des Täters bedarf nicht der persönlichen Schuld des Verurteilten, ist also nicht auf eine Tat in der Vergangenheit bezogen, sondern reflektiert auf die Zukunft, d.h. die Strafe ist vorbeugend auf die

Zukunft gerichtet und dem Zweck unterstellt, dass die Tat zukünftig nicht mehr geschieht.

Eine derartige Straforientierung lost sich auch von der prekären Frage nach der Schuldfähigkeit und Resozialisierungsmöglichkeit des Täters, den "wir alle sind unsicher über die positive Möglichkeiten Resozialisierung und noch mehr über die Fähigkeit vpn Psychologie und Psychiatrie, bei der Festlegung der Strafe zu beraten, weil sie ihrerseits wenig Prognostisches sagen können, vor allem aber, weil die Unterscheidung zwischen gesund und krank, normal und abweichend prinzipiell genauso wenig eindeutig getroffen werden kann, wie die zwischen schuldig bzw. verantwortlich oder nicht.

Die Geseundheits-, Normalitäts- und Verantwortungsdefinitionen gehen in gleicher Weise auf normative Optionen zurück, die sich eben nicht beweisen lassen.

Leider hält der Bundesgerichtshof bis heute – sicherlich sehr zur Freude der Freudianer – am Kern der Schuldtheorie fest.

Diese Gefahr der "Einäugigkeit" ließe sich nur dann auflösen, wenn es gelänge, beide Strafbegründungen – den Ausgleich des vergangenen Unrechts durch Sühne und die Zwecksetzung in der auf die Zukunft gerichteten Generalprävention – miteinander zu verbinden.

Um dies zu erreichen, ist es notwendig, über die Reichweite von Schuld und Verantwortung einen gesellschaftlichen Konsens herzustellen, der unzulässige Entschuldigungen ebenso ausschließt, wie das Abgeben von Verantwortung für das individuelle Handeln.

## 14. Wege zur Verantwortung

Aus den bisherig festgehaltenen Erkenntnissen über Triebe und Leidenschaften, freien Willen und bedingter Freiheit des Menschen lassen sich zwei Folgerungen ableiten:

a) Der Mensch verfügt über einen freien Willen, den er in einer Welt, in der es naturgesetzliche und damit deterministische Einflussgrößen gibt, autonom ein- und in Handlungen umstzen kann.

b) Die autonome Umsetzung des freien Willens ist an sittliche Normen gebunden, deren Einhaltung sich der Mensch aus vernünftiger Einsicht unterworfen hat.

Täglich zu beobachtende Tatsache ist aber, dass der Mensch permanent gegen die zweite Folgerung verstößt, d.h. die aus vernünftiger Einsicht abgeleiteten Normen für das menschliche Handeln ignoriert. Dafür gibt es nach meiner Auffassung zwei wesentliche Gründe:

a) Die Übetrzeugungstaten der "geistigen Entlastungs-Mafia", wie Psychoanalytiker, Gehirnforscher, fehlgeleitete bzw. (noch) nicht zur

Vernunft gekommene 68er, Esoteriker und andere Eskapisten, dumme Ignoranten u.ä.

b) Das Fehlen eines allgemein für jedermann verbindlichen "Gesellschaftsvertrages", der nicht nur die bindenden Regeln für das Zusammenleben von Menschen und deren Institutionen aufstellt, sondern auch die Sanktionen bei Regelverstoß festlegt.

Die unter dem ersten Punkt aufgeführten Überzeugungstäter sind in der Regel nicht belehrbar – nicht, weil sie nicht lernfähig sind, sie sind nicht lernwillig.

Vergleichbar sind diese mit den Vertretern von sog. Verschwörungstheorien, die ihre Meinung auch dann verteidigen, wenn diese nachweislich falsch ist.

Dabei bedienen sie sich in der Regel griffiger Feinbilder, wie Lügenpresse, Parteiestablishment, Juden, Ausländer etc., die ihre verbohrten Meinungen noch glaubwürdiger erscheinen lassen sollen.

Nichtsdestotrotz gilt es, tatkräftig den zweiten Punkt anzupacken.

Ein Gesellschaftsvertrag, der verbindlich Rechte und Pflichten des Menschen in ihrem Zusammenleben festlegt, muss aus dem bisher Gerlernten auf ethischen Grundsätzen basieren, die vernünftigerweise gelten sollen, den Ethik ist die Lehre des Sollens, das der menschliche Verstand postuliert, und Ethik ist eben nicht eine Lehre aus gemachten

Erfahrungen, die – je nach Weltauffassung – unterschiedlich interpretiert werden können.

"Ethik kann deshalb auch nicht empirisch vermittel werden; daher sind z.B. Erkenntnisse über soziale Verhaltensmuster hilfreich, aber nicht federführend für die Ethik.

Vielmehr bedarf die Erfahrung der Verarbeitung durch die Vernunft, die ihrerseits erst die menschliche Mündigkeit ermöglicht, den der Mensch unterscheidet sich von anderen Lebenwesen doch dadurch, dass er (zumindest) mit der Befähigung zur Vernunft auf die Welt kommt.

Diese Mündigkeit zum Denken bereichert den Menschen, den nach Kant ist ja die Freiheit eine Kategorie der Vernunft und daher nichts anderes als die Autonomie des Willens.

Diese Erkenntnisse machen Platz für die Etablierung eines Sittengesetzes, das nicht nur auf der praktischen Vernunft basiert, sondern ein Gesetz des Sollens ist, denn – wie es Dietmar Mieth, Begründer des Ethikzentrums an der Uni Tübingen formulierte –

"Die Vernunft ist die Instanz des moralisch Richtigen und – in Anlehnung an Kant – " handle so, dass die Maxime deines Willens jederzeit zugleich als Prinzip einer allgemeinen Gesetzgebung gelten könne".

Diese Handlungsanweisung heißt aber auch, dass die menschliche Würde, die der Mensch nur dadurch besitzt, weil er kraft seiner Vernunft Einsicht in die sit-

tliche Notwendigkeiten habe, auch nur dann angemessen zum tragen kommt, wenn nach Kant folgendes gilt:
"Handle so, dass du die Menschheit, sowohl in deiner
Person, als auch in der Person jedes andern, jederzeit
zugleich als Zweck und niemals bloß als Mittel
brauchst".

Diese sog. "Selbstzweckformel" des Menschen, die
verhindern soll, dass der Mensch zum Spielball von
Interessen wird, geht aber noch weiter.
Sie beschreibt auch die Qualität der Mittel, die der
Mensch zum Erreichen seiner Ziele einsetzt.
Hier gilt nämlich nach Mieth, dass "die Mittel, die ich
anwende, den gleichen Kriterien unterworfen
werden müssen, wie meine Ziele, den unterwerfe ich
die Mittel bloß der Effizienz, dann ist fast jedes Mittel,
das diese Effizienz bietet, recht".
Der Zweck heiligt eben nicht alle Mittel und mag dieser selbst noch so heilig sein.
Die Welt erlebt fast täglich die Kollateralschäden di-
verser Heilsbringer, die das Erreichen ihrer Ziele mit
allen erdenklichen Mitteln – und seien sie noch so
menschenverachtend – verfolgen.
Es ist sicherlich nicht vermessen zu behaupten, dass
diese Art von "zweckgebundenem Fundamentalis-
mus" in der Regel durch Berufung auf lertztlich vom
Göttlichen gesetzten Moralanforderungen begründet
ist.

Hexenverbrennungen, die Inquisition und die Kreuzzüge der christlichen Kirche und das Zerbomben des World Trade Centers durch islamiastische Selbstmordtäter sind nur einige wenige Beispiele für transzendente Rechtfertigungsideologien, die ausschließlich zweckgesteuert sind.

Es ist daher ein Verdienst der Philosophen, die jenseits der Metaphysik, also im Diesseitigen, alternative Moralvorstellungen und –anforderungen ans menschliche Handeln formulierten, "denn– so der Philosoph Aschenberg – von Moralität kann nur die Rede sein, wenn ich aus Achtung gegenüber anderen Subjekten und nicht im Sinne meiner eigenen faktischen Interessen handele und wenn mein Handeln, unabhängig von seinem Erfolg, seiner praktischen Nützlichkeit für mich oder für andere, durch das Bewusstsein motiviert ist, dass ich als praktisch-vernünftiges Wesen zu diesem Handeln verpflichtet bin".

Und diese Moral, die wir meinen, beinhaltet verbindlich akzeptierte ethisch- sittliche Normen des Handelns und Werturteile der Gesellschaft.

Der einzig zulässige moralische Bezug im Jenseitigen ist Jesus Bergpredigt, die die "golden Regel" – quasi als Vorläufer zum Kantschen Imperativ - als einen Verhaltenskodex für die Menschen aufzeigte:

"Alles, was Ihr wollt, das Euch die Leute tun, das sollt Ihr auch ihnen tun".

Zusammenfassend können wird sagen, dass Kants Sittengesetz in seiner Keraussage aktueller ist denn je.

Dieses Sittengesetz steht außerhalb von naturgesetzlichen Ursachen und Wirkungen und stellt Forderungen an uns als Vernunftwesen: "Erfülle Deine Pflicht!"

Danach kann ein menschliches Handeln nur dann das Prädikat "sittlich" verdienen, dass nicht als Ergebnis eines zufälligen Triebes, einer flüchtigen Regung, sich einstellt, sondern aus dem Bewusstsein der Pflicht herauskommt und mit der Überzeugung getan wird, das rechte zu sein, und dass nur derjenige Wille "gut" genannt werden kann, in welchem der Entschluss lebendig ist, sich in allem der sittlichen Norm gemäß zu verhalten.

Nun kann es nicht überraschen, dass Kants Sittengesetz von vielen als unakzeptables Pflichtkorsett empfunden und abgelehnt wurde.

Hauptangriffspunkte waren – wie nicht anders zu erwarten – die Überbetonung des Sollens, das Fehlen jeglicher empathischer Aufhellungsmomente, ja, die "Kastration der menschlichen Gefühlswelt".

Schiller – im Grunde ein glühender Kantianer - vermisste bei ihm "Anmut und Erhabenheit", eine "innere Harmonie des Menschen": "In der Kantschen Moralphilosophie ist die Idee der Pflicht mit einer Härte vorgetragen, die alle Grazien davon zurückschreckt und einen schwachen Verstand leicht versuchen könnte, auf dem Wege einer finsteren und mönchischen Asketik die moralische Vollkommenheit zu suchen".

Schiller fand aber eine Verbindungslinie zu Kant, in dem er als Künstler dem Denker die Betrachtung des Gesamtmenschen anbot:"Der Mensch ist nicht allein dazu bestimmt, einzelne sittliche Handlungen zu verrichten, sondern ein sittliches Wesen zu sein.

Das wird er erst, wenn sein Handeln aus seiner gesamten Menschheit als die vereinigte Wirkung von Vernunft und Sinnlichkeit hervorquillt".

Die Harmonisierung von Geist und Seele ist unter dem Aspekt der "künstlerischen Freiheit" sicherlich akzeptabel und hat Kant für viele menschlicher gemacht, aber sein Verstandesprimat nicht widerlegt.

Letztendlich muss das menschliche Handeln "einem selbst gegebenem Gesetz folgen" – wie es der "Gerechtigkeitsspezialist" John Rawls formuliert – in dem sich nicht nur die gegenseitige Achtung, sondern auch die Übernahme von Verantwortung für das eigene Handeln widerspiegelt.

Keine Ausflüchte in unbeeinflussbare Einflussgrößen, in von außen gesteuerte Abhängigkeit, in deterministische Entschuldungsformeln ist hier mehr mölglich.

Hier vstehen wir als nach freiem Willen agierender Mensch und können nicht anders, dürfen nicht anders.

Diese Wahl ist selbstbestimmt und zeitlich unbegrenzt und unterscheidet uns von allen anderen Lebewesen auf dieser Welt.

## 15.    Verantwortung und Ethos der Person

Neben der philsophischen und psychischen Betrachtung wird die Verantwortung auch und besonders in der Theologie behandelt.

Die Theologen    Alfred  Schüler  und  Theodor Steinbüchel haben sich in einer gemeinsamen Arbeit darüber Gedanken gemacht.

Sie wollten damit die Bedeutung und Notwendigkeit selbständiger Verantwortung sichtbar machen.

"Es scheint so, als ob dem erwachsenen Menschen nur dann ein Vollmaß an Reife, Verlässlichkeit und Brauchbarkeit zuerkannt werden kann, wenn er in selbständiger   Verantwortlichkeit,   in   innerer Erschlossenheit auf die Sache hin, in lebendiger Hingabe Begegnung hat mit dem, was drängt".

Danach ist "Verantwortung haben/verantwortlich sein" nicht als einzelner Akt zu sehen, sondern Ausdruck eines Gesamtverhaltens und damit die Offenbarung der Person und ihres Wesens.

Verantwortlichkeit ist demnach eines Wesenszug des Menschen, und Wesenszüge sind nur zu begreifen, wenn der Mensch in seiner Ganzheit, in seiner Einordnung in die Welt gesehen wird.

Als Christ ist der Mensch letztendlich Gott gegenüber verantwortlich. Denn nur eine absolute Instanz, die ihrerseits selbst einer Verantwortung enthoben ist, lässt Verantwortung im totalen Sinne zu.

Die beiden o.a. Theologen legen einen besonderen Wert darauf zu betonen, dass nicht der Mensch an sich maßgeblich für die Verantwortlichkeit ist, sondern der Mensch als Person, da die Person "die Seinsform des Geistes in selbständiger und sich selbst setzender Existenz ist".

Die Person erst verkörpert den ganzen Menschen in seiner leiblich-seelischen Geschlossenheit. Nur der Mensch als Person ist ein "echtes Gegenüber der Absolutperson Gottes".

Auf der anderen (irdischen) Seite darf der Personengedanke nicht allein individualistisch und subjektivistisch missgedeutet werden, den es muss immer sichergestellt werden, dass die Person immer eine "Bezogenheit zur Gemeinschaft" besitzt.

Der Theologe Georg Feuerer umschreibt diesen Person-Gemeinschafts-Bezug wie folgt:

"Der Einzelne ist so stark in der Gesellschaft enthalten, dass er darin gleichsam eine vorgeburtliche Existenz erhält und besitzt... Die Menschen stehen in einer Geschichte in erster Linie nicht, weil sie einzelne individuelle Menschen sind, sondern weil sie zur Menschheit gehören".

Neben der Darstellung des Menschen als Person und als solidarisch gebundenes Wesen ist der Akt, die Handlung die wesentliche Äußerung dieses personalen Wesens.

Durch den Akt wird die Person erkenn- und bewertbar. Die Person geht mit ihrer Individualität in ihre Akte ein, sie lebt in ihren Akten.

Mit seinen Handlungen steht der Mensch Gott gegenüber, er ist also verantwortlich, weil es jemanden gibt, der es von ihm verlangt, und weil der Mensch auf Grund seiner persönlichen Vernünftigkeit und Freiheit zu solch verantwortlichen Verhalten geschaffen und befähigt ist, "weil er überhaupt nur soviel Mensch ist, als er verantwortlich lebt".

Zusammenfassend sagen Schüler und Steinbüchel: "Verantwortlichkeit ist die eigentliche Befindlichkeit des Menschen in dieser Welt. Sie ist die Folge seiner Kreatürlichkeit, der sinnfälligste Ausdruck seiner Hinordnung zum Ursprung. Der Mensch ist durch seine geistige Personalität antwortlich ermöglicht und wird in ihr und über sie beansprucht.

In Freiheit sich als vernunftbegabtes Wesen auf das Vollendungsziel hinbewegen zu können, ist des Menschen Sinn, Würde, Pflicht.

Dem Gläubigen ist dies die Urwirklichkeit, dem Nicht-Gläubigen kommt es wie ein unnötiger Versuch vor, das Wovor der Verantwortung bis ins Metaphysische zu personalisieren".

Damit ist die Verantwortung das unerlässliche Fundament jeder Ethik. Sie ist gleichsam das menschliche Gesicht, das die Ethik dem einzelnen zuwendet.

Verantwortung ist der große Lebensdialog der vernünftigen Kreatur, in dem sie ihr Wesen unter Einbeziehung allen Geschaffenen nach Gott, ihrem Ursprung, hin ausspricht.

Dadurch wird das Leben des Menschen nicht leichter, aber würdiger

Der ehemalige EKD-Ratsvorsitzende Wolfgang Huber hat diese Sicht auf die Verantwortung in seinem Buch "Ethik – Grundfragen des Lebens" wie folgt dargestellt:

"Verantwortung im Sinn von Rechenschaftspflicht ist ein zentrales Thema der christlichen Theologie, den sie versteht den Menschen als antwortendes Wesen. Er ist der Gott entsprechende, aber zugleich aich widersprechende Mensch. Zu seiner Freiheit gehört, das ser über sein Leben Rechenschaft abzulegen hat. Dafür steht das Göttliche Gericht am Ende der Zeit. Es ist nicht nur eine Zukunftsvision, sondern ragt schon in die jdeweilige Gegenwart hinein.

Jeder Mensch kann wissen, das ser über sein Leben rechenschaftspflichtig ist und auf die Kraft zum Neuanfang angewiesen bleibt, die in der Sprache des christlichen Glaubens Vergebung und Gnade heisst.

Lange Zeit wurde für diesen Zusammenhang nicht der Begriff der Verantwortung verwendet. Er wurde erst aufgegriffen, nachdem der Soziologe Max Weber Gesinnungsethik und Verantqwortungsethik gegenüber gestellt hatte.

In der Theologie slprach Dietrich Bonhoeffer als erster programmatisch von einer Ethik der Verantwortung. Das geschah in der Zeit seiner Beteiligung an der politischen Verschwörung gegen die NS-Diktatur.

Verantwortung verstand er ales eine durch den Vollzug des eigenen Lebens gegebene Antwort auf die Anrede des Menschen durch Gott.

Die Struktur des verantwortlichen Lebens sah er durch den Zusammenklang von Freiheit und Bindung, von Lebensgtranszendenz und Lebensvollzug geprägt.

In vergleichbarer Weise rückte der amerikanische Theologe H. Richard Niebuhr das "große moderne Symbol" der Verantwortung ins Zentrum seiner ethischen Überlegungen. Er orientierte sich dafür konsequent an dem nationalen Menschenbild der Reformation.

Nicht der Mensch als Macher oder als Bürger, sondern der Mensch als Antwortender steht im Zentrum seiner Überlegungen. Auf dieser Grundlage werden zwei Dimensionen der Verantwortung voneinander unterschieden:

"die Verantwortung vor ..." und "die Verantwortung für..."

Dabei meint die Verantwortung für ... nicht nur die Bereitschaft zur Fürsorge für andere, sondern ebenso die Bereitschaft zur Vorsorge für die Zukunft des gemeinsamen Lebens, denn es gehört zu den besonderen Fähigkeiten des Menschen, künftige Entwicklungen in Betracht zu ziehen und unter ihnen zu wählen. Auch im Blick auf die Zukunft handelt der Einzelne im Verhältnis zu sich selbst, zu anderen Menschen und zur ihn umgebenden Welt. Verantwortung zeigt sich als Individualverantwortung, Sozialverantwortung und Umweltverantwortung.

Die Verantwortung vor ... verweist auf einen Horizont letzter Rechenschaftspflicht, durch den menschliches Leben überhaupt erst als ein verantwortliches verstanden wird. Als Instanz für diese Rechenschaftspflicht wird entweder ein "forum internum", nämlich das Gewissen des Einzelnen, ode rein "forum externum", nämlich Gott, angesehen.

Es geht darum, ob ein Mensch die Relationalität seines Lebens im Entscheidenden als Selbstbezüglichkeit oder als Bezogenheit auf ein Anderes seiner selbst versteht".

## 16. Überlegungen zu einem neuen Gesellschaftsvertrag

Die Idee eines Gesellschaftsvertrags, der das menschliche Miteinander für jedermann verbindlich regelt, ist nicht neu.

Von der Antike bis zur Neuzeit gab es immer wieder Versuche, solche Verhaltenskodices zu definieren.

Einen der bekanntesten Versuche unternahm im 17. Jahrhundert der englische Philosoph Thomas Hobbes.

Ausgehend von der Annahme, dass alle Menschen gleich seien, folgerte Hobbes, dass danach auch jeder Mensch das Recht habe, "dem andern ein Übel zuzufügen und alles Vorhandene sich anzueignen".

Diese dem Menschen innewohnende "Verderbtheit" führt nach Hobbes zu einem Kampf jeder gegen jeden, der nur durch einen "Eingriff von oben" die gegenseitige Vernichtung der Menschen verhindern kann.

Diese Obrigkeitsgewalt – Hobbes nannte sie "Leviathan" – definiert einen Verhaltenskodex, einen Gesellschaftsvertrag, der das Zusammenleben der Menschen regelt und der von allen eingehalten werden muss, indem jeder "seine Freiheit anderen gegenüber so weit einschränkt, als er dies von jenen sich gegenüber wünscht".

Es sei hier am Rande erwähnt, das eine derartige Unterwerfung unter eine Obrigkeit in einer Zeit, in der man sich gerade von einem "tyrannischen, verbriefte

Rechte missachtenden und sittenlosen Königtum und einer ganz unter seine Obrigkeit gebrachten dogmatisch unduldsamen Kirche befreit hatte" auf wenig Gegenliebe im Volke traf.

Dennoch können Hobbes Annahmen darüber, dass eine Gemeinschaft nur über Sittengesetze gesteuert werden kann, die einem "Sollen" unterliegen und für jedermann verbindlich sind, auch noch heute überzeugen.

Hobbes glaubte, dass wenn wir die Menschen ihrem eigenen Egoismus überlassen, wird die Gemeinschaft Schaden nehmen. Um dies zu regeln, brauchen wir mehr als Gesetze und Paragraphen.

Wir brauchen eine sittliche Gesinnung, die klare Verhaltensrichtlinien festlegt, an die sich alle halten müssen und die Sanktionen für Fehlverhalten definiert.

Hierbei gilt es aufzuräumen mit der Mär, dass die Summe von Egoismen zum Gemeinwohl führt.

Das Gegenteil ist der Fall: jeder Egoismus schadet der Gemeinschaft, wenn er nicht mit den Zielen der Gemeinschaft harmoniert oder anders formuliert: "Die moralische Intuition, die eine Solidargemeinschaft zusammenhält, besagt, dass es allen langfristig nützt, wenn der einzelne kurzfristig auf den eigenen Vorteil verzichtet".

Und jeder Egoist kann sich damit trösten, dass sich von Plato über Hobbes bis in die Gegenswart nachweisen lässt, "dass die Vereinbarung und Einhaltung von Kooperationsregeln auch für den Stärksten vorteilhafter ist als ein Leben unter der ansonsten in Permanenz drohenden Gefahr, von einer Horde Schwacher hinterrücks erdolcht zu werden".

Bevor wir uns mit den konkreten Inhalten eines verbindlichen Gesellschaftsvertrages beschäftigen, möchte ich die These, dass Kooperation und nicht Egoismus sowohl für den einzelnen, als auch für die Gemeinschaft von Vorteil ist, noch einmal aus der Sicht der wissenschaftlichen Ethik herleiten.

Hierbei stütze ich mich auf die Ausführungen von Vallabhbhai Patel, einem Mediziner, der sich mit diesem Thema in seinem Buch "Eine wissenschaftliche Ethik für politische Programme" unter dem Aspekt einer politischen Programmatik beschäftigte.

Für die Formulierung seiner Grundthesen zur Begründung einer wissenschaftlichen Ethik nutzte Patel zwei Fragen, deren erste empirisch und deren zweite auf Basis eines normative Prinzips beantwortet werden können.

Frage 1.

Was ist das Leitmotiv des menschlichen Handelns oder warum tut ein Mensch, was er tut?

Frage 2.

Was ist der ethische Imperativ oder warum muss man sich ethisch verhalten oder – noch einfacher – warum muss man "gut" sein?

Antwort auf Frage 1.

Das Leitmotiv allen menschlichen Tuns ist der Wunsch glücklich zu sein! Oder für die, die mit dem altmodisch erscheinenden Begriff Glück nicht soviel anzufangen wissen: der Wunsch nach Wohlbefinden.

Ich werde im weiteren den Begriff Glück verwenden, der mir umfassender erscheint.

Antwort auf Frage 2.

Um glücklich zu sein, muss man "gut" sein!

Beweis für die Antwort auf Frage 1:

Niemand würde etwas tun wollen, was ihn unglücklich machen würde. Genauer gesagt: niemand würde etwas tun, von dem er glaubt, dass es ihn unglücklich machen würde.

Es kann zwar sein, dass die Erwartung dann nicht erfüllt wird und dass man durch eine bestimmte Handlung anstatt glücklich zu sein, gerade Unglück heraufbeschwört.

Das ändert aber nichts an der Tatsache, dass er glaubte, als er sich entschloss, die Handlung durchzuführen, dass diese ihm zu mehr Glück verhelfen würde.

Da dieses Streben nach Glück durchaus egoistisch ausgerichtet sein kann, ist es unabdingbar, dass auch die zweite These Gültigkeit hat.

"Um glücklich zu sein, muss man gut sein!"

Bei dieser These wird unterstellt, dass alle Taten, die der Erhaltung bzw. dem Gedeihen der Gemeinschaft dienen, als "gut" bezeichnet werden, und dass alle Taten, die sich negativ auf das Gedeihen, das Funkionieren und die Erhaltung der Gemeinschaft auswirken, als "schlecht" bezeichnet werden.

Eine menschliche Gemeinschaft, die nicht "gut funktioniert", in der z.B. Mord und Diebstahl Routine sind, wo die Menschen also nicht "gut" sind, kann kein Glück bescheren.

Nur in der Gemeinschaft, in der die Menschen auch "gut" sind, ist das glückliche Leben möglich.

Das heisst aber noch lange nicht, dass, wenn eine Gemeinschaft gut funktioniert, jeder Mensch dann auch glücklich ist. Aber für das glückliche Leben ist eine gut funktionierende Gemeinschaft eine Voraussetzung.

Um diesen Gedanken näher zu beleuchten, müssen wir uns mit den Ursachen des Glücklichseins und des Unglücks beschäftigen.

Dabei gibt es zwei Gruppen von Ursachen: abwendbare wie z.B. Hunger, Krieg und Mord und unabwendbare, wie z.B. der Tod.

In unserer Diskussion sind nur die abwendbaren Ursachen von Bedeutung, denn diesen liegt normalerweise eine "Fehlfunktion" innerhalb der Gesellschaft vor, deren Korrektur den oder die Menschen von den betreffenden Unglücksursachen befreien, also zum Glück führen würde.

Es dürfte wohl niemand bezweifeln, dass bei richtiger sprich gerechter Verteilung der Mittel zum Leben niemand auf der Welt an Hunger oder Durst sterben müsste.

Und dass der Krieg nur eine der Möglichkeiten ist, unterschiedliche Meinungen und Interessen "auszufechten" oder besser zu einer für beide Seiten akzeptierbaren Lösung zu gelangen, dürfte auch unstrittig sein.

Neben den Ursachen des Unglücks ist für die Behandlung unserer Frage auch wichtig, wie die Beziehungen zwischen den Menschen und in der Gemeinschaft gelagert sind.

Unsere erste These lautete, dass das Leitmotiv allen menschlichen Tuns der Wunsch ist glücklich zu sein.

Das ist das auf das Individuum selbst bezogene (egoistische) Motiv.

Damit ist ein Ansatzpunkt für Konflikte zwischen dem Individuum und der Gemeinschaft gegeben.

Daraus ergeben sich drei Fragen, die wir beantworten müssen:

1. Wie ist das Glücksstreben des einzelnen mit dem gemeinschaftlichen Interesse vereinbar?
2. Inwieweit ist die individuelle Freiheit für die Gemeinschaft schädlich?
3. Wie weit muss der Einzelne sein Glücksstreben im Interesse der Gemeinschaft zurückstellen?

Es gibt im Prinzip drei Gruppen des Glücksstrebens:

Ein Glücksstreben, das gegen das Interesse der Gemeinschaft ist; ein Glücksstreben, das praktisch irrelevant für das Interesse der Gemeinschaft ist und ein Glücksstreben, das auch im Interesse der Gemeinschaft ist.

Damit ist die Antwort auf die Vereinbarkeit von individuellem und gemeinschaftlichen Glücksstreben praktisch schon gegeben.

Die Art von Glückstreben, die sich gegen das Interesse der Gemeinschaft richtet, ist ethisch nicht vertretbar. Die Gemeinschaft muss sich dagegen zur Wehr setzen.

Das Glücksstreben des Einzelnen, das im Interesse der Gemeinschaft ist, muss gefördert werden.

Gegen das Glücksstreben des Einzelnen, das keine Auswirkungen auf die Gemeinschaft hat, also gemeinschaftspolitisch wertneutral ist, ist nichts einzuwenden.

Die Antwort auf Frage 1 könnte demnach sein:

Das erstrebenswerte Ziel in einer Gemeinschaft ist das höchstmögliche Glück für eine größtmögliche Zahl von Menschen.

Um dieses Ziel zu erreichen, müssen Regeln aufgestellt werden, die jeder zu befolgen hat und deren Zuwiderhandlung bestraft wird.

Mit der Beantwortung der Frage 1 ist im Prinzip auch schon die Antwort auf Frage 2 gegeben:

Alles, was ein Einzelner tut, das dem Erreichen des erstrebenswerten Zieles gefährdet, ist schädlich für die Gemeinschaft.

Danach abgeleitet kann die Frage 3 auch lauten:

Wie weit darf und muss die Gemeinschaft das individuelle Verlangen nach Glück im eigenen Interesse einschränken, sei es durch Gesetze, sei es durch moralische Richtlinien oder durch politisches Handeln.

Da die Idealkonstellation – Deckungsgleichheit von Individual- und Gemeinschaftsinteressen – utopisch ist, kann man das Erstrebenswerte nur so formulieren:

Eine Gesellschaftsform ist erstrebenswert, in der die größtmögliche Zahl von Individualinteressen mit der größtmöglichen Zahl von gesellschaftlichen Interessen identisch ist.

Dies ist im Grunde der alte Konflikt zwischen dem Verlangen nach eigenem Glück und der "Pflicht", wobei die Pflicht als Wahrnehmung der gemeinschaftlichen Interessen verstanden wird.

Und damit Glück und Pflicht gerecht verteilt sind, darf, ja muss die Gemeinschaft das individuelle Verlangen nach Glück soweit einschränken, dass die negative sowie die positive Auswirkungen der Einschränkungen auf die Mitglieder der Gemeinschaft möglichst gleichermaßen verteilt sind.

Wie wir inzwischen gelernt haben, gibt es eine Anzahl von Menschen, die ihr Streben nach Glück in der Anhäufung von Macht sehen, nicht um ihrer selbst Willen, sondern um diese dafür zu verwenden, andere Menschen zu beherrschen, sie ihren egoistischen Ambitionen unterzuordnen.

Durch Anhäufung von Macht können diese Menschen oder Gruppen von Menschen nach ihrem Gutdünken einen bestimmten Einfluss ausüben.

Diese Macht kann verschieden Formen haben: politische, militärische, wirtschaftliche, publizistische oder beliebige Kombinationen davon.

Eine ganz besondere relevante Machtkonstellation, die im Zeichen der Globalisierung an Stärke und Einfluss stetig zunimmt, ist die Macht der Wirtschaft, die sich nicht nur im immer härter werdenden Wettbewerb untereinander widerspiegelt, sondern – und das ist für alle Gemeinwesen dieser Welt gleichermaßen gefährlich – sondern auch in der Einflussnahme und Beherrschung der Politik.

Diese Erkenntnis ist nicht überraschend, da diese Art der Macht Bestandteil unseres kapitalistischen Systems ist und somit immanent und nur durch einen Systemwechsel änderbar.

Da es aber realistischerweise z.Z. keine durchsetzbare Alternative zu unserem bestehenden System gibt, müssen wir die Macht des Kapitals systemimmanent bekämpfen, wenn wir der Meinung sind, dass diese Macht dem Glück und Wohlbefinden der Gemeinschaft schadet.

Dabei geht es nicht darum, den Unternehmen ihren Profit oder den Aktionären ihre Dividende wegzunehmen, sondern darum, dass diese Profit- und Dividendengenerierung nicht zum Schaden der Gemeinschaft werden, indem diese nur dem Nutzen einiger Weniger dienen.

Und dieser Schaden enztsteht bereits dann, wenn die Menschen, die die Gewinne der Firmen durch ihre Arbeit erst ermöglichen, daran nicht entsprechend partizipieren können oder gar entlassen werden.

Wenn wirtschaftliche Erfolge allen Beteiligten angemessen zugute kommen, und die Wirtschaftsbosse nicht nur ihr "Shareholder value", sondern auch ihre "social responsibility" wahrnehmen, dann und erst dann haben wir faire Voraussetzungen für eine gerechte Verteilung des erwirtschafteten "Kuchens".

Wie wir wissen, gibt es genug Interessen in unserer Gesellschaft, die aus Macht- und Kapitalgier diese gerechte Verteilung mit allen Mitteln verhindern.

Freiwillig werden diese Interessenvertreter diese Bemühungen nicht aufgeben; sie werden allenfalls unverbindliche Lippenbekenntnisse zur "sozialen Verantwortung" abgeben, denen jedoch keine konkreten Taten folgen werden.

Daher müssen diese "Machthaber" mit einer Gegenmacht konfrontiert werden, die sie nicht besiegen können, da diese nicht nur quantitativ sondern auch in ihrem Anspruch überlegen ist.

Dabei geht es nicht um den Beweis, dass sich wirtschaftliche Effizienz und Ethik nicht gegenseitig ausschließen, es geht vielmehr darum, der bisher ohnmächtigen und oft schweigenden "Gegenmacht" Mittel an die Hand zu geben, die geeignet sind, auf gleicher Augenhöhe mit den derzeit Herrschenden zu agieren.

Hierzu bedarf es einer gemeinschaftlichen Festlegung von Spielregeln in Wirtschaft und Gesellschaft, die sicherstellen, dass individuelles und gemeinschaftliches Streben nach Glück gleichermaßen und nicht zu Lasten des jeweils anderen möglich ist, mit anderen Worten:

"Der Mensch findet Erfüllung und Glück nur in bezug auf seine Mitmenschen und in der Solidarität mit ihnen" oder wie es der Philosoph Emile Durckheim formuliert:

"Moralisch handeln heisst im Hinblick auf ein Kollektivinteresse handeln".

Das bedeutet auch, dass der Mensch und nicht der Gewinn oder das Kapital wieder zum Selbstzweck wird, der Mensch nicht länger wirtschaftlichen Interessen untergeordnet wird, er damit eine neu gewonnene Mündigkeit erhält, die ihm ermöglicht, ein erfülltes Leben zu führen.

Für diese Art der Mündigkeit muss aber der Kopf des Menschen frei sein, d.h. er darf nicht mehr gefangen sein in der Vorstellung einer durch Individualisierung atomisierten und nicht mehr in ihrem Wertebestand beeinflussbaren Gesellschaft, die aufgehört hat, darüber nachzudenken, was man fördern und was man zurückdrängen will.

Diesen freien, denkenden Kopf wollen wir jetzt benutzen, um die Spielregeln für ein gemeinschaftliches Miteinander zu formulieren.

Bei unseren Überlegungen müssen wir aber Gott sei Dank nicht bei Adam und Eva anfangen, denn es gibt schon gedankliche Ansätze über ein gesellschaftlich anzustrebendes Wirtschaften, die es sich lohnen betrachtet zu werden:
Die "Donut-Ökonomie" , entworfen von der amerikanischen Ökonomin Kate Raworth und die "Gemeinwohl-Ökonomie" des Österreichers Christian Felber.

## 17. Die Donut-Ökonomie

Die englische Ökonomin Kate Raworth, die an der Uni in Oxfort vergeblich versucht hatte herauszufinden, welche Antworten die Wirtschaftswissenschaften zu den heutigen Problemen in unserer Gesellschaft haben, musste feststellen, dass ihre anfängliche Motivation im Studium schnell schwand.

Was sie an der Uni vorfand war ein Demotivationsprogramm für eine ganze Generation: Anstatt über Probleme und mögliche Lösungen zu sprechen, wurden Modelle hoch und runter gerechnet. Fragen der Studenten nach deren Relevanz oder Anwendungsbezug wurden nicht beantwortet, eine Tatsache, die der Autor aus seiner Vergangenheit als BWL/VWL-Student an der Hamburger Universität nur bestätigen kann.

Als 68er konnte er dies hautnah erleben, wenn protestierende Studenten den "1000-jährigen Muff unter den Talaren der Professoren" anprangerten.

Schon damals vermissten die Wirtschaftsstudenten den relevanten Realitätsbezug der vorgeführten Modelle. Der einzige konkrete Bezug zur Wirtschaft zeigte sich lediglich darin, dass einige Wisu-Professoren Sitze in Aufsichtsräten großer Firmen hatten.

Kate Raworth rief nach ihrem vergeblichen Studium dazu auf, die "Wirtschaft endlich als das zu betrachten, was sie ist: ein komplexes dynamisches System".

Dafür entwickelte sie sieben Ansätze, die hier kurz skizziert werden sollen.

1. Das Ziel verändern

Mehr als 70 Jahre war die wirtschaftliche Entwicklung auf das Bruttoinlandsprodukt (BIP) fixiert, das als wichtigster Maßstab für Fortschritt galt. Diese Fixierung wurde benutzt, krasse Einkommens- und Wohlstandsunterschiede zu rechtfertigen, die mit einem bislang ungekannten Ausmaß an der Zerstörung der Welt verbunden waren.

Für das 21. Jahrhundert brauchen wire in wesentlich weiter reichendes Ziel:

Wir müssen die Bedürfnisse eines jeden Menschen mit den Mitteln unseres lebensspendenden Planeten zu befriedigen suchen. Die Herausforderung besteht darin, Wirtschaftsordnungen aufzubauen – auf lokaler wie auf globaler Ebene – die dazu beitragen, der gesamten Menschheit Zugang zu einem gesicherten Lebensumfeld zu ermöglichen.

Anstatt stetiges Wachstum des BIP anzustreben, geht es heute darum, ein "florierendes Gleichgewicht" herzustellen.

2. Das Gesamtbild erfassen

Die herkömmliche Wirtschaftslehre beschreibt die Ökonomie mit einem einzigen, stark verengten Bild, einem Kreislaufdiagramm.

Dessen Beschränkungen wurden darüberhinaus verwendet, ein neoliberales Narrativ über die Effizienz des Marktes, die Inkompetenz des Staates, die Beschränkung des Haushalts auf das häusliche Leben und die Tragödie der Gemeingüter zu verstärken. Es ist an der Zeit, die Wirtschaft neu zu zeichnen und sie einzubetten in die Gesellschaft und die Natur.

Diese neue bildhafte Darstellung ermöglich auch neue Narrative – über die Macht des Marktes, die Partnerschaft des Staates, die zentrale Rolle des Haushalts und die schöpferische Kraft der Gemeingüter.

3. Die menschliche Natur pflegen und fördern

Im Zentrum der Wirtschaftslehre des 20. Jahrhunderts steht das Bild des rationalen "homo oeconomicus". Er hat uns erklärt, dass wir alle unsere Eigeninteressen verfolgen, vereinzelt und berechnend sind, festgelgt in unserem Geschmack, und dass wir die Natur beherrschen – und dieses Bild hat uns zu dem gemacht, was wir heute sind.

Doch die menschliche Natur ist wesentlich reicher und vielfältiger. Wir sind sozial veranlagt, bemühen uns um Annäherung, verändern unsere Werte und sind abhängig von der lebendigen Welt.

Darüberhinaus ist es durchaus möglich, die menschliche Natur in einer Weise zu fördern und zu entwickeln, die uns wesentlich größere Chancen eröffnet.

4. Systemisches Denken lernen

Die berühmten Angebots- und Nachfragekurven sind das allererste Diagramm, mit dem ein Wirtschaftsstudent Bekanntschaft macht. Doch sie beruhen auf überholten Vorstellungen über ein mechanisches Gleichgewicht, die noch aus dem 19. Jahrhundert stammen. Wesentlich hilfreicher, um sich ein Verständnis für die Dynamik der Wirtschaft zu erarbeiten, ist ein systemisches Denken, das sich in einem schlichten Paar von Rückkopplungsschleifen zusammenfassen lässt.

Rückt man diese Dynamik in den Mittelpunkt der Wirtschaftslehre, eröffnen sich viele neue Eindrücke, von den Konjunktut- und Krisenzyklen der Finanzmärkte bis zur sich selbst verstärkenden Natur der wirtschaftlichen Ungleichheit und den Kipppunkten des Klimawandels.

Es ist an der Zeit, dass wir aufhören, nach den trügerischen Steuerungshebeln der Wirtschaft zu suchen, und endlich damit beginnen, die Wirtschaft als ein in stetiger Weiterentwicklung begriffenes komplexes System aufzufassen.

5. Auf Verteilungsgerechtigkeit zielen

Im 20. Jahrhundert hat eine bestimmte graphische Darstellung – die sog. Kuznets-Kurve – eine eindrucksvolle Botschaft über ökonomische Ungleichheit vermittelt:

Die Ungleichheit muss zuerst größer werden, bevor sie kleiner werden kann, und das Wirtschaftswachstum wird schließlich für eine Angleichung sorgen. Doch wirtschaftliche Ungleichheit ist keine ökonmische Notwendigkeit: sie ist ein Gestaltungsfehler.

Ökonomen des 21. Jahrhunderts werden anerkennen, dass es viele Möglichkeiten gibt, Volkswirtschaften so zu konzipieren, dass bei der Distribution des von ihnen erzeugten Wertes mehr Verteilungsgerechtigkeit hergestellt wird – ein Gedanke, der sich am besten durch ein Netz von Fließgrößen veranschaulichen lässt.

Das bedeutet, dass man über die Verteilung von Einkommen hinausgeht und Möglichkeiten einer Umverteilung von Vermögen erforscht, insbesondere von Vermögen, das auf der Beherrschung von Land, von Unternehmen, von Technologie und Wissen und auf der Macht der Geldschöpfung beruht.

### 6. Auf Regeneration zielen

Die Wirtschaftstheorie hat lange Zeit eine "saubere" Umwelt als ein Luxusgut dargestellt, das sich nur Wohlhabende leisten können. Diese Sichtweise wurde durch die Umwelt-Kuznets-Kurve bestärkt, die ebenfalls die Botschaft vermittelte, dass die Umweltverschmutzung zuerst zunehmen muss, bevor sich die Situation verbessern kann, und das wirtschaftliches Wachstum diesen Umschwung herbeiführen wird.

Doch eine solche Gesetzmäßigkeit gibt es nicht: Umweltschädigung ist die Folge einer degenerativen Ausrichtung der Industrie.

Im neuen Jahrhundert brauchen wir ökonomisches Denken, das eine regenerative Ausrichtung fördert, um eine zirkuläre – keine lineare – Wirtschaft zu ermöglichen und den Menschen als gleichberechtigten Teilnehmer in die zyklischen Lebensprozesse der Erde einzubinden.

## 7. Eine agnostische Haltuung zum Wachstum einnehmen

Ein Diagramm der Wirtschaftstheorie ist so gefährlich, dass es praktisch niemals gezeichnet wird: der langfristige Verlauf des BIP-Wachstums.

Konventionelle Ökonomen betrachten dauerhaftes Wirtschaftswachstum als unverzichtbar, doch nichts in der Natur wächst ewig, und der Versuch, dieser Tendenz entgegenzuwirken, wirft in Ländern unbequeme Fragen auf, die durch hohes Einkommen, aber geringes Wachstum gekennzeichnet sind.

Es sollte nicht schwerfallen, das BIP-Wachstum als Wirtschaftsziel aufzugeben, aber es ist wesentlich schwieriger, unsere Abhängigkeit davon zu überwinden.

Unsere heutigen Volkswirtschaften benötigen Wachstum, unabhängig davon, ob es den Menschen nutzt. Wir brauchen aber eine Wirtschaft, die den Menschen nutzt, unabhängig davon, ob sie wächst oder nicht.

Diese radikale Veränderung der Perspektive ermutigt uns, eine agnostische, d.h. eine nicht von Gott vorgegebene Haltung zum Wachstum einzunehmen und zu erforschen, wie Volkswirtschaften, die gegenwärtig finanziell, politisch und sozial vom Wachstum abhängig sind, lernen können, mit oder auch ohne Wachstum zu leben.

Diese Ansätze verarbeitet Kate Raworth bildlich und anschaulich in einem Kompass des 21. Jahrhunderts in Form eines Donuts, der im inneren die gesellschaftlichen Elemente des Wohlergehens, wie z.B. Nahrung, soziale Gerechtigkeit, Bildung, Einkommen etc. aufzeigt, Elemente, die dem Menschen allzu oft vorenthalten werden und daran hindern, in einem sicheren und gerechten Raum mit regenerativer und distributiver Ökonomie zu leben. Die Außenhaut des Donuts zeigen den ökologischen Deckel, der diesen Raum begrenzt und vor ökologischen Schäden bewahren soll. Dieser radikal neue Kompass weist in eine Zukunft, in der die Bedürfnisse der Menschen befriedigt werden, während zugleich die lebendige Welt geschützt wird, von der wir alle abhängig sind.

Es geht also darum, die Menschen in diesen "sicheren und gerechten Raum" hineinzuführen.

Diese gesellschaftlichen Elemente – der innere Ring des Donuts – stellt die grundlegenden Komponenten des Lebens dar, die niemandem vorenthalten werden sollen.

Das sind folgende zwölf Elemente:
ausreichend Nahrung, sauberes Wasser und funktionierende sanitäre Einrichtungen, Zugang zu Energie und sauberen Kochgelegenheiten, Zugang zu Gesundheitsversorgung und Bildung, angemessenes Wohnen, ein Mindesteinkommen und eine ordentliche Arbeit, Zugang zu Informationsnetzen und zu sozialen Unterstützungsnetzen.

Darüberhinaus gehören dazu Gleichberechtigung, politische Teilhabe, soziale Gerechtigkeit sowie Frieden.

All diese Ansprüche sind in den Nachhaltigen Entwicklungszielen der Vereinten Nationen (Sustainable Development Goals) enthalten, die 2015 von 193 Mitgliedern angenommen wurden.

Mehr als 60 Jahre hat uns die Wirtschaftslehre beigebracht, dass Wachstum ein Indikator für Fortschritt ist.

Doch dieses Jahrhundert braucht eine völlig andere Art und eine andere Richtung des Fortschritts. Wir brauchen die "Entwicklung eines dynamischen Gleichgewichts", das wir erlangen können, wenn wir uns in einen "sicheren und gerechten Raum" hineinbewegen und dabei zugleich die defizitären und überschießenden Komponenten des Fortschritts eliminieren.

Und diese Bewegung führt vom immerwährenden BIP-Wachstum zum Wohlergehen im Gleichgewicht; Wohlbefinden statt Wohlstand.

Kate Raworth zeigt in ihrem Buch "Donut-Ökonomie", worin sich ihr Modell von dem Wirtschaftsmodell des auf Wachstum ausgelegten Kapitalismus unterscheidet:

## 1. Ressourcenverbrauch

Raworth sagt: "Wir sollten uns bewusst werden, dass die Wirtschaft keineswegs ein geschlossener Kreislauf ist, sondern ein offense System mit ständigen Ab- und Zuflüssen".

Die ganze Ökonomie basiere zurzeit auf dem Modell, das Raworth "take, make, use, lose" nennt – nehmen, machen, benutzen, verlieren. Ressourcen werden ausgebeutet, kurz eingesetzt und dann als unbrauchbarer Müll entsorgt. Wie eine Raupe fresse sich die Industriegesellschaft durch die Natur. Die Wachstumslogik sehe nach dem Schulbuchwissen der Ökonomie zudem vor, dass Gesellschaften erst durch Umweltverschmutzungen Wohlstand anhäufen müssen, um sich später den Umweltschutz leisten zu können.

Raworth schwebt stattdessen eine Ökonomie vor, in der Ressourcen und Produkte, die sie als biologische und technische Nährstoffe bezeichnet, im Wesentlichenin Kreisprozessen bleiben und immer wieder verwandt werden: von der Raupe zum Schmetterling.

2. Menschenbild

In der klassischen Ökonomie herrschte lange das Bild eines Menschen, der von Eigennutz motiviert ist und stets rationale Entscheidungen trifft.
Im Wettstreit all dieser Interessen entstehe ein optimales Ergebnis für alle.
Wir erinnern uns: "Die Summe aller Egoismen führt zum Wohle aller!"
Das ignoriert aber zum einen all die unbezahlte Arbeit in Haushalten. Zum andern wird das ehrenamtliche Engagement z.B. in Vereinen nicht erfasst.
Im Herzen der Wirtschaftswissenschaften sollte ein neues Bild der Menschheit stehen.
Es muss anerkennen, dass unsere Gehirne für Empathie, Kooperation und gegenseitige Hilfe verschaltet sind, dass unsere Wünsche nicht starr sind, sondern sich ändern, wenn es unsere Werte tun, und dass wir keinesfalls die Natur beherrschen, sondern im höchsten Maße von ihr abhängig sind.

3. Übergangsprobleme

Von unserer heutigen Wirtschaftsweise zur Donut-Ökonomie zu kommen wird nach Raworth ein langer und schwieriger Prozess.

Denn kein Land hat jemals menschliche Not ohne eine wachsende Wirtschaft überwunden, und kein Land konnte jemals den ökologischen Niedergang durch Wachstum beenden.

Stattdessen verschärft die weitere Zunahme der Wirtschaftsleistung oft nicht nur die Probleme für die Natur, sie steigert auch die Ungleichheit in der Gesellschaft und privatisiert den Wohlstand, der zum Schutz aller dienen könnte.

Ökonomien, die mangels anderer Regelungen die Gesellschaft spalten, müssten darum durch gezielte Reformen dazu gebracht werden, Wohlstand umzuverteilen. Das gilt dann nicht nur für das erzielte Einkommen, sondern auch für die erworbene Substanz, den immensen Besitz der Wenigen.

Für den Übergang brauche es zudem Methoden, mit denen Unternehmen, die auf das Gemeinwohl ausgerichtet sind, auf dem Markt günstig Kapital aufnehmen können.

Zuzsammenfassend kann man sagen, dass Raworth "Donut-Ökonomie" aus dem Jahre 2012 auch ein starker Appell an die Wirtschaftswissenschaft ist, den Lernenden zu zeigen, dass die Wirtschaft nicht in mehr oder weniger abstrakten, realitätsfernen Modellen abgebildet und verstanden werden kann, sondern dass sie ein komplexes dynamisches System ist.

Aber nicht nur das Bild der Wirtschaft, auch das Bild vom menschlichen Verhalten muss sich radikal ändern.

Die Ökonomik hat die Menschen zu lange als isolierte Individuen betrachtet, die egoistisch und rastional ihren Nutzen maximieren. Was den Nicht-Ökonomen schon lange klar war, hat nun endlich auch die Verhaltensökonimik empirisch bestätigt:

Menschen sind soziale Wesen, die voneinander abhängen und deren Präferenzen und Wertvorstellungen veränderlich sind. Zwar wägen wir Optionen zueinander ab, aber dadurch maximieren wir keinenfalls unseren Nutzen, sondern erreichen maximal eine Annäherung daran.

Die Wirtschaftswissenschaft hat dagegen jegliche menschliche Interaktion abseits des Tausches aus ihren Modellen verbannt. Doch ist es eben gerade genau diese Interaktion, die uns Menschen, unsere Wertvorstellungen und Entscheidungen prägt und deshalb so wichtig für die Frage nach einer zukunftsfähigen Wirtschaftsordnung ist.

Es ist unschwer zu erkennen, dass die einfachen Gleichgewichtsmodelle, wie sie an den Universitäten gelehrt werden, nicht in der Lage sind, diesen "Problemen organisierter Komplexität" gerecht zu werden.

Was die Studierenden deshalb brauchen sind andere Methoden und Werkzeuge. Sie müssen zu "System-

denkern" werden, indem sie die Bedeutung von Rückkopplungsschleifen und Wechselwirkungen
zwischen Prozessen verstehen und anzuwenden wissen.
Dieser Wandel hängt aber nicht nur von der Für-
sprechern ab, sondern auch von deren Gegenspieler.
Wie die Umverteilung von Macht in der Praxis umgesetzt werden kann, bleibt letzten Endes bei Kate Raworth offen.
Am Ende eines Vortrages vor der Heinrich Böll
Stiftung in 2018 sagte sie auf eine entsprechende
Frage "Das ist ein anderes Buch, das jemand anderes
schreiben muss".

Und dieser andere könnte der Österreicher Christian
Felber sein, der sich mit einem ähnlichen Modell –
diesmal aber mit deutlichem Praxisbezug - im Jahre
2010 zu Wort gemeldet hat.

Das Buch trägt den Titel "Gemeinwohl-Ökonomie"

## 18. Die Gemeinwohl-Ökonomie – Ein Wirtschaftsmodell mit Zukunft?

Bei der Gemeinwohl-Ökonomie (GWÖ) wird das Wohl von Mensch und Umwelt zum obersten Ziel des Wirtschaftens.

Der Begründer dieser Idee Christian Felber sagt dazu: "Diese Wirtschaft tötet". Nicht alle würden es vermutlich so drastisch formulieren wie der Papst, doch die Beobachtung, dass die Welt zunehmend aus den Fugen great, ist Zeitgeist. Laut einer Erhebung der Bertelsmann- Stiftung wünschen sich 88% der Menschen in Deutschland und 90% in Österreich eine ´neue Wirtschaftsordnung´.

Die GWÖ ist eine Alternative zu den historischen Extremen Kapitalismus und zentrale Planwirtschaft.

Die tragenden Säulen der GWÖ sind nicht neu, sondern zeitlose Werte und Verfassungsziele von der Menschenwürde bis zur Nachhaltigkeit.

Im gleichen Geist besagt die heutige bayrische Verfassung: "Die gesamte wirtschaftliche Tätigkeit dient dem Gemeinwohl" (Art. 151), und das Grundgesetz sieht vor, dass "Eigentum verpflichtet" und "sein Gebrauch zugleich dem Wohl der Allgemeinheit dienen soll" (Art. 14).

Das Gemeinwohlziel wird aber heute in der realen Wirtschaft gar nicht gemessen. Es fehlen die geeigneten Erfolgsindikatoren.

Heute bilden das Bruttoinlandprodukt (BIP) und der Finanzgewinn der Unternehmen die Messlatten.

Das "Gemeinwohl-Produkt könnte zukünftig anhand eines repräsentativen Indikatorensets, wie z.B. Gesundheit, Bildung, Teilhabe, sozialer Zusammenhalt, ökologische Stabilität, Sicherheit, subjektives Wohlbefinden direkt die Zielerreichung und damit den "Erfolg" der Volkswirtschaft messen.

Die konkreten Komponenten können von der Bevölkerung in dezentralen Beteiligungsprozessen selbst definiert werden.

Der "Erfolg" eines Unternehmens, sein Beitrag zum Gemeinwohl, würde analog mit einer "Gemeinwohlbilanz" gemessen. Diese beantwortet die brennendsten Fragen der Gesellschaft an alle Unternehmen, z.B. wie sinnvoll ist das Produkt, die Dienstleistung? Wie ökologisch wird produziert, vertrieben und entsorgt? Wie human sind die Arbeitsbedingungen? Werden Frauen und Männer gleich behandelt und bezahlt? Wie werden die Erträge verteilt? Wer trifft die Entscheidungen?

Wir kooperativ verhält sich das Unternehmen auf dem Markt?

Das Ergebnis dieser Indikatoren könnte z.B. in Form einer "Gemeinwohl-Ampel" auf allen Produkten und Dienstleistungen erscheinen, um den Konsumenten die Kaufentscheidungen zu erleichtern.

Je besser das Gemeinwohlbilanz-Ergebnis eines Unternehmens ist, desto mehr Vorteile erhält es, z.B. niedrigere Steuern, Zölle und Zinsen oder Vorrang beim öffentlichen Einkauf.

Mit Hilfe dieser Anreizinstrumente werden die ethischen Produkte preisgünstiger als die unethischen.

Die Gesetze des Marktes würden damit mit den Werten der Gesellschaft übereinstimmen.

Damit könnten negative Rückkopplungen bei Einkommen, Vermögen und Unternehmensgröße vermieden werden und ökologische Vorgaben könnten den Planeten vor achtloser Zerstörung schützen.

Die GWÖ versteht sich nicht nur als ethische, sondern auch als liberale Wirtschaftsform, wel sie die gleichen Rechte, Freiheiten und Chancen aller wahrt.

Die GWÖ-Bewegung startete 2010 in Österreich und Bayern mit einem Dutzend klein- und mittelständischer Unternehmen.

Heute unterstützen 2300 Unternehmen in 50 Staaten die Bewegung.

500 haben eine GWÖ-Bilanz erstellt.

Es gibt auch erste politischen Erfolge – auch auf EU-Ebene, wo der Europäische Wirtschafts- und Sozialausschuss eine Initiativstellungnahme zur GWÖ mit 86% der Stimmen annahm und empfahl ihren Einbau in den  Rechtsrahmen der EU.

Und das sind die Eckdaten der Gemeinwohl-Ökonomie:

1. Die GWÖ beruht auf denselben Verfassungs- und Grundwerten, die unsere Beziehungen gelingen lassen: Vertrauensbildung, Wertschätzung, Kooperation, Solidarität und Teilen. Nach aktuellen wissenschaftlichen Erkenntnissen sind gelingende Beziehungen das, was Menschen am stärksten motiviert und am glücklichsten macht.

2. Der rechtliche Anreizrahmen für die Wirtschaft wird umgepolt von Gewinnstreben und Konkurrenz auf Gemeinwohlstreben und Kooperation. Unternehmen werden für gegenseitige Hilfe und Zusammenarbeit belohnt. Konkurrenz ist möglich, bringt aber Nachteile.

3. Wirtschaftlicher Erfolg wird nicht länger an den Mitteln des Wirtschaftens gemessen (Geld, Kapital, Finanzgewinn), sondern an den Zielen (Bedürfnisbefriedigung, Lebensqualität, Gemeinwohl).

   Auf der Makroebene (Volkswirtschaft) wird das BIP als Erfolgsindikator vom Gemeinwohl-Produkt abgelöst, in den Unternehmen der Finanzbilanz eine Gemeinwohl-Bilanz vorangestellt, und bei den Investitionen werden alle Kreditgesuche einer Gemeinwohl-Prüfung unterzogen.

4. Die Gemeinwohl-Bilanz wird zur Hauptbilanz der Unternehmen. Je besser die Gemeinwohlbilanzergebnisse der Unternehmen in einer Volkswirtschaft sind, desto größer ist das Gemeinwohl-Produkt. Unternehmen mit guten Gemeinwohlbilanzen erhalten rechtliche Vorteile: niedrigere Steuern, geringere Zölle, günstigere Kredite, Vorrang beim öffenlichen Einkauf und bei den Forschungsprogrammen. Dadurch werden ethische, ökologische und regionale Produkte und Dienstleistungen billiger als unethische.

5. Die Finanzbilanz wird zur Mittelsbilanz. Finanzgewinn wird vom Zweck zum Mittel und dient dazu, den neuen Unternehmenszweck (Beitrag zum Gemeinwohl) zu erreichen. Bilanzielle Überschüsse dürfen verwendet werden für reale Investitionen (mit sozialem und ökologischem Mehrwert), Rückzahlung von Krediten, Rücklagen in einem begrenzten Ausmaß; begrenzte Ausschüttungen an die Mitarbeiter, sowie zinsfreie Kredite an Mitunternehmen. Nicht verwendet dürfwen Überschüsse für Investionen auf den Finanzmärkten, feindliche Aufkäufe anderer Unternehmen, Ausschüttung an Personen, die nicht im Unternehmen mitarbeiten sowie Parteispenden. Im Gegenzug entfällt die Steuer auf Unternehmensgewinne.

6. Da der Gewinn noch Mittel, aber kein Ziel mehr ist, können Unternehmen die aus ihrer Sicht optimale Größe anstreben. Sie müssen nicht mehr Angst haben, gefressen zu werden und nicht mehr wachsen, um größer, stärker oder profitabler zu sein als andere. Alle Unternehmen sind vom allgemeinen Wachstums- und wechselseitigen Fresszwang erlöst.

7. Durch die Möglichkeit, entspannt und angstfrei die optimale Größe einzunehmen, wird es viele kleine Unternehmen in allen Branchen geben. Da sie nicht mehr wachsen wollen, fällt ihnen die Kooperation und Solidarität mit anderen Unternehmen leichter. Sie können ihnen mit Wissen, Aufträgen, Arbeitskräften oder zinsfreien Krediten helfen. Dafür werden sie mit einem guten Gemeinwohlbilanz-Ergebnis belohnt – nicht auf Kosten anderer Unternehmen, sondern zu deren Nutzen. Die Unternehmen bilden zunehmend eine solidarische Lerngemeinschaft, die Wirtschaft wird zu einer Win-win-Anordnung.

8. Die Einkommens- und Vermögensungleichheiten werden in demokratischer Diskussion und Entscheidung begrenzt: die Maximal-Einkommen auf z.B. das Zehnfache des gesetzlichen Mindestlohnes; Privatvermögen auf z.B. 10, 20 oder 30 Millionen Euro; das Schenkungs- und Erbrecht auf z.B. 500000 Euro pro Person,

bei Familienunternehmen auf z.B. 10 Millionen Euro pro Kind. Das darüberhinausgehende Erbvermögen wird über einen Generationen-Fonds als "demokratische Mitgift" oder "negative Erbschaftssteuer" an alle Mitglieder der Folgegeneration verteilt.

9. Bei Großunternehmen gehen ab einer bestimmten Größe (z.B. 250 Beschäftigte) Stimmrechte und Eigentum teil- und schrittweise an die Beschäftigten und die Allgemeinheit über. Die Öffentlichkeit könnte durch direkt gewählte "regionale Wirtschaftsparlamente" vertreten werden.

10. Der Natur wird ein Eigenwert zuerkannt, weshalb sie nicht zu Privateigentum werden kann. Wer ein Stück Land für den Zweck des Wohnens, der Produktion oder der Land- und Forstwirtschaft benötigt, kann eine begrenzte Fläche kostenlos oder gegen eine Nutzungsgebühr bekommen. Die Überlassung ist an ökologische Auflagen und an die konkrete Nutzung geknüpft.Damit sind Landgrabbing, Großgrundbesitz und Immobilienspekulation zu Ende. Im Gegenzug entfällt die Grundsteuer.

11.Wirtschaftswachstum ist kein Ziel mehr, hingegen die Reduktion des Ökologischen Verbrauchs (Fußabdruck) von Personen, Unternehmen

und Staaten auf ein global nachhaltiges Niveau. Zu den politischen,
sozialen, kulturellen und wirtschaftlichen gesellen sich ökologische Menschenrechte.

12. Die "Regel- Erwerbsarbeitszeit" wird schrittweise auf ein
mehrheitlich gewünschtes Maß von z.B. 20 bis 30 Wochenstunden reduziert. Dadurch wird Zeit frei für drei andere zentrale Arbeitsbereiche: Fürsorgearbeit (Kinder, Kranke, Senioren),
Eigenarbeit (Persönlichkeitsentwicklung, Kunst, Muße) sowie Politische und Gemeinwesenarbeit.

13. Jedes 10.Berufsjahr ist ein "Freijahr" und wird durch ein bedingungsloses Grundeinkommen finanziert. Die Maßnahme entlastet den Arbeitsmarkt um 10 Prozent, die langfristig durchschnittliche Arbeitslossigkeit in der EU.

14. Die representative Demokratie wird ergänzt um Elemente direkter und partizipativer Demokratie und weiter entwickelt zu "souveräner Demokratie". Der Souverän erhält Souveränsrechte, wie z.B. die Verfassung schreiben und ändern, eine konkrete Regierung wählen, abwählen und korrigieren, selbst Gesetze initiieren und beschließen, Grundversorgungsbereiche – Geld, Energie, Wasser – selbst kontrollieren, international Verträge in Auftrag geben und abstimmen.

15. Alle Bausteine der GWÖ sollen in einem breiten Basisprozess durch intensive Diskussionen ausreifen,

bevor sie in einem direct gewählten "Wirtschaftskonvent" eingespeist und mit allen anderen Alternativen diskutiert werden. Der Konvent bereitet die Alternativen für die finale Entscheidung auf. Die finalen Varianten werden vom demokratischen Souverän systemisch bewertet.

Die angenommenen Vorschläge gehen als Wirtschaftsteil in die Verfassung ein.

Zur Vertiefung der Demokratie können weitere Konvente einberufen werden: Bildungs-, Medien-, Daseinsvorsorgekonvent etc.

16.  Um die Werte der GWÖ von Kind an vertraut zu machen und zu praktizieren, muss auch das Bildungswesen gemeinwohlorientiert aufgebaut werden. Das verlangt eine andere Art von Schule mit

anderen Inhalten, wie z.B. Gefühlskunde, Wertekunde, Kommunikationskunde, Naturerfahrungskunde, Körpersensibilisierung und Kunsthandwerk.

17. Da in der GWÖ unternehmerischer Erfolg eine ganz andere Bedeutung hat als heute, werden auch andere Führungsqualitäten gefragt sein.

Nicht mehr die rücksichtslosesten, egoistischsten Manager werden gesucht, sondern Menschen, die sozial verantwortlich und kompetent handeln, mitfühlend und empathisch sind, Mitbestimmung als Chance und Gewinn sehen und langfristig nachhaltig denken.

Zusammenfassend kann man zu diesen Eckdaten folgendes sagen: Das GWÖ ist weder das beste aller Wirtschaftsmodelle noch das Ende der Geschichte, nur ein möglicher nächster Schritt in die Zukunft. Sie ist ein partizipativer und entwicklungsoffener Prozess und sucht Synergien mit ähnlichen Ansätzen. Durch das gemeinsame Engagement zahlreicher mutiger und mitverantwortlicher Menschen kann etwas grundlegend Neues geschaffen werden.

Die Umsetzung erfordert intrinsische Motivation und Eigenverantwortung, rechtliche Anreize, einen ordnungspolitischen Rahmen, sowie Souveränsbewusstsein. Alle Menschen, Unternehmen, Gemeinden, Organisationen und Institutionen können sich an der Weiterentwicklung in diese Richtung beteiligen und sind dazu herzlich eingeladen.

Die GWÖ ist ein Zukunftsmodell wie die Donut-Ökonomie, und beide Modelle haben viele Schnittpunkte. Daher ist es auch nicht verwunderlich, dass Kate Raworth (Donut-Ökologieerfinderin) und Christian Felber, der Begründer der GWÖ, gute Freunde sind.

Beide Modelle haben schon viele Anhänger und werden schon in vielen Ländern stückweise umgesetzt, da jeder von uns teilnehmen kann, indem er sich z.B. beim GWÖ als Mitglied anmeldet und so tatkräftig in die Arbeit eingebunden wird.

Soviel zu den beiden konkretesten Zukunftmodellen mit den besten Aussichten auf eine zumindest teilweise Umsetzung in der Realität.

Kommen wir zurück in unsere Gegenwart und unseren beiden zentralen Themen Freiheit und Verantwortung.

## 19. Freiheit und Verantwortung in Corona-Zeiten

Seit Anfang 2020 hat uns eine besondere Art der "Umweltbelastung" fest im Griff: das Coronavirus Covid-19.

Eine Pandemie, die in China ihren Ursprung hatte, hat in unvorstellbarem Ausmaß bis Ende 2020 allein in Deutschland mehr als 1,8 Millionen Menschen befallen und über 36.000 getötet. Weltweit infizierten sich im gleichen Zeitraum über 87 Millionen Menschen, und fast 2 Millionen starben von ihnen.

Seit dem Mittelalter, als allein in Europa 20 Millionen Menschen – und damit ein Drittel der Bevölkerung – an der Pest starben, gab es keine vergleichbare Pandemie.

Als im März 2020 nach über 30.000 Covid-19-Infizierten – auch bedingt durch heimkehrende Wintersportler, die in den Skigebieten kräftig dem Aptresski gehuldigt hatten und durch die Massen von Karnevalsjecken, die Corona als Störenfried im Feiern empfanden - die Bundesregierung einen ersten Lockdown erließ, d.h. Restaurants, Hotels und Geschäfte, die nicht den täglichen Lebensbedarf der Menschen abdeckten, mussten schließen, um die weitere Infektion möglichst zu verhindern, war das ein maßgeblicher Eingriff in den Freiheitsraum der Bevölkerung.

Die Menschen wurden aufgefordert Nasen-Mund-Masken zu tragen, wenn sie sich in der Öffentlichkeit bewegten. Sie sollten einen Mindestabstand von 1,5 Metern einhalten und Hygieneregeln, wie z.B. häufiges Händewaschen vornehmen.

Das Virus war allgegenwärtig, und es gab keinen Impfstoff dagegen.

Als dann mit den steigenden Temperaturen des Sommers die Infektionsraten zurückgingen und der Lockdown heruntergefahren wurde, glaubten die meisten Menschen, dass das Virus besiegt sei. Dabei ignorierten sie die Warnhinweise der Wissenschaftler, die darauf aufmerksam machten, dass nach dem Sommer eine "zweite Welle" zu erwarten sei.

Und diese Welle kam und schlug umbarmherzig zu und übertraf bei weitem die erste Welle im Frühjahr. Wieder kam es zum Lockdown mit all seinen Einschränkungen. Und spätestens jetzt konnte man erkennen, wie unterschiedlich die Menschen auf die Einschränkungen reagierten.

Die überwiegende Mehrheit akzeptierten, wenn auch bisweilen murrend, die Einschränkungen der persönlichen Freiheit, trugen Masken und hielten Abstand.

Eine zweite Gruppe der Bevölkerung übten lauten Protest, pochten dabei auf ihre Meinungsfreiheit, gefährdeten aber die Mitmenschen durch fehlende Masken und Abstand. Sie wollten die Eingriff in ihre persönliche Freiheit nicht akzeptieren.

Sie gaben sich Namen wie "Querdenker" und begriffen nicht, dass ihre Freiheit dort endet, wo die Gesundheit des Anderen gefährdet ist.

Die relative kleine dritte Gruppe von Menschen beließ es nicht bei Protesten, sondern ging massiv mit Gewalt gegen die Einschränkungen und die Personen, die diese Einschränkungen überwachten, vor.

Da wurden Ordnungsbeamte beschimpft und sogar bespuckt, und man musste den Eindruck gewinnen, dass die staatlichen Institutionen zwar Maßnamen wie diese Corona-Einschränkungen beschließen, diese aber in der Breite nicht durchsetzen können.

Dieses Machtvakuum nutzten nun viele Verschwörungstheoretiker, um ihre irrwitzigen, von Fakten weit entfernten Glaubenssätze zu verbreiten.

Sie verhöhnten "die da oben", beschimpften die "Lügenpresse" und stachelten die Massen zu Gewalttaten an, die z.B. dazu führten, dass Ende August z.B. Horden von Idioten die Stufen des Berliner Reichstags stürmten und mit Schwarz-.weiß-roten Reichsflaggen ihre Gehirnlosigkeit demonstrierten.

Es war die Stunde der einfachen Erklärer, die in narzisstischer Selbstüberhöhung den sog. "Schlafschafen" zeigen wollten, wo es langgeht,

Menschen wie Attila Hildmann, Eva Herman und Xavier Naidoo, die wissen, dass das Coronavirus als Biowaffe in chinesischen Labors gezüchtet worden ist.

Oder die Anhänger der sog. QAnon-Bewegung, die sagen, dass eine global vernetzte Elite einen Pädophilenring betreibe. An geheimen Orten werden Kinder gefoltert, um für die Reichen und Mächtigen Adrenochrome zu produzieren, einen Stoff, der die ewige Jugend verleiht.

Hier finden sich auch die massive Impfgegner, die Bill Gates beschuldigen, dass er als Eugeniker die Welktbevölkerung durch Zwangsimpfungen mit vergifteten Seren von 7 Milliarden auf 500 Millionen reduzieren will.

Auf der anderen Seite gab es auch die Amateurphilosophen, die in der Pandemie eine Bestrafung der Zivilisation für schuldhafte Verfehlungen gegen über unserem Globus sahen: die Seuche als Sühne für irdische Schuld.

Wie ein feindlicher Agent schleicht sich das Virus in den Alltag und infiziert die gedankenlos durch den Lebenstrom treibenden Menschen mit Krankheit und Tod.

Die Viren sind unheimlich und erinnern den Menschen an die Vergänglichkeit ihres Daseins und machen ihm unbarmherzig klar, dass es ein Wunder ist, wenn eine so komplexe Gesellschaft, wie die modern eine ist, überhaupt funktioniert.

Dabei haben Historiker nachgewiesen, dass modern Verschwörungstheorien auf Massenmedien und eine funktionierende Öffentlichkeit angewiesen ist. Sie entfalten nur dann ihre Wirkung, wenn man daran glaubt, dass der Mensch prinzipiell die Fähigkeit besitzt, sein eigenes Schicksal zu gestalten, und die Welt nicht beherrscht wird von Göttern und schicksalhaften Mächten.

Es war auch die Zeit der Zukunftsforscher, wie z.B. Matthias Horx, der uns bei Angst vor Verzicht und Einschränkung die sog. Re-Gnose vorschlägt, die im Gegensatz zur Pro-Gnose nicht in die Zukunft schaut, sondern von der Zukunft ins Heute zurückblickt.

Dabei stellen wir fest, dass die sozialen Verzichte – wie Abstand und Kontaktverbote – selten zu tatsächlichen Vereinsamungen führen. Nach der ersten Schockstarre fühlen sich viele sogar erleichtert, dass das viele Rennen und Reden, Kommunizieren auf Multikanälen plötzlich zum Halt kommt. Verzichte müssen nicht unbedingt Verlust bedeuten, sondern können sogar neue Mölglichkeitsräume eröffnen.

Nach Horx führt uns die Pandemie zu veränderten sozialen Verhaltensformen – z.B., Beifallklatschen auf Balkonen für die Pflegekräften in Seniorenheimen und Krankenhäusern. Solidarität an allen Orten.

So ist das Coronavirus quasi nur ein willkommener Sendbote aus der Zukunft, der uns Menschen wieder glücklich vereinigt.

Wenn dem so ware, könnte man aus der Pandemie etwas Positives gewinnen.

Dem ist aber nicht so!

Im Gegenteil. Corona hat gezeigt, wie egoistisch, wie unverantwortlich der Mensch sein kann, wenn er in seinem Ego eingeschränkt wird, um sich und andere vor Krankheit und Tod zu schützen.

Und hier liegt das große Manko der Verantwortlichen. Wenn nach unstrittiger, wissenschaftlicher Expertise Maßnahmen beschlossen werden, die weitere Infizierungen reduziert oder verhindert, so sind diese Maßnahmen auch durchzusetzen, d.h. es müssen Vorkehrungen getroffen werden, die die Umsetzung der Maßnahmen sicherstellt, denn wer z.B. in Coronazeiten wilde Parties feiert, ist nicht unsolidarisch, sondern asozial und muss dafür "zur Verantwortung gezogen werden".

Mahnungen von Soft-Psychologen wie Stephan Grünewald vom Kölner Rheingold-Institut, der davor warnt, "dass Politiker und Medien nicht immer in einer Art Kollektivschelte die Disziplinlosigkeit der Bürger anprangern dürfe", sollten dabei nicht als Verhaltenskodex angenommen werden, den sie ignorieren zwei Dinge:

Die tatsächliche Disziplinlosigkeit einer kleinen, aber radikalen Gruppe und die Notwendigkeit der Effizienz der beschlossenen Maßnahmen.

Wenn selbst Sanitäter berichten, dass sie bei ihren Einsätzen behindert, bespuckt oder sogar tätlich angegriffen werden, zeigt es, dass es seit Jahren eine gesellschaftliche Verrohung gibt, eine breite Ablehnung und Respektlosigkeit gegenüber allem, was mit empfundener staatlicher Autorität zu tun hat.

Andererseits müssen aber auch die staatlichen Autoritäten in angemessener Form die freiheitlichen Einschränkungen kommunizieren, denn wer einer Bevölkerung Entbehrungen ankündigt, kann dies auf zweierlei Weise tun:

Er kann in alter Askesetradition erklären, dass das, was wir uns versagen sollen, ohnehin nur schlechte Gewohnheiten seien und wir in Wahrheit nichts verlören, sondern nur gewännen, wenn wir diese Unarten aufgeben.

So etwa argumentieren die ökologisch bewegten Kapitalismuskritiker, die den fast kompletten Zusammenbruch des Flugverkehrs begrüßen.

Ebenso scheint es nicht wenige zu geben, die Corona zum Anlass nehmen, den freiheitlichen Hedonismus abzukanzeln, frei nach der Devise des bayrischen Ministerpräsidenten Söder: "Mehr Maske, weniger Alkohol und weniger feiern".

Die Kanzlerin wählte dagegen den zweiten möglichen Weg, indem sie einräumt, dass es schmerzliche Entbehrungen sind, für die sie plädiert, aber sie weist auch auf das Licht am Ende des Tunnels hin.Das bedeutet aber auch nach der Meinung der bekannten Schriftstellerin Thea Dorn, dass es statt "der aktuell paktizierten ´sowenig Lebensfreiheiten wie nötig, so viele Hygienemaßnahmen wie möglich´ die umgekehrte Maxime gelten müsste: ´So wenig Hygienemaßnahmen wie nötig, so viele Lebensfreiheiten wie möglich".

Dieser so zur Schau gestellte Idealzustand vergisst jedoch die Realität, die immer wieder und immer starker zeigt, dass viele Menschen mit dieser Lebensfreiheit eben nicht vernünftig umgehen können, die Freiheit rufen und Rück- und Respektlosigkeit meinen und praktizieren.

Der bekannte Theologe Wolfgang Palaver sagt dazu: "Die Leute, die auf Demonstrationen nach Freiheit schreien, glauben, sie seien nicht gefährdet, und deshalb verdrängen sie die Gefahr.

Tatsächlich müssen wir als Menschen in gewisser Weise immer den Tod verdrängen, sonst würden wir dauernd in den Abgrund der eigenen Sterblichkeit schauen. Auf der anderen Seite geht es beim Gebrauch der Freiheit nicht ohne eine gewisse Furcht. Solange wir Katastrophen oder den eigenen Tod nur als eine ferne Möglichkeit betrachten, lassen sie uns kalt. Deshalb müssen wir uns unsere eigene Sterblichkeit wieder bewusst machen".

Diese Art Furcht motiviert zum Handeln aus Verantwortung und nimmt nicht im optimistischen Blindflug an, dass schon nichts passieren wird.

Nur wenn wir uns katastrophische Engpässe in der Intensivmedizin vor Augen führen, können wir die Gesellschaft motivieren, gefährliche Entwicklungen aufzuhalten.

"Wir tragen nicht nur für unser Leben, sondern auch für das Leben der anderen eine Verantwortung".
Dafür spielt die Impfung gegen das Virus, das Ende 2020 begonnen hat, eine wichtige Rolle.
Man sollte meinen, dass die Bevölkerung einsieht, wie wichtig diese Impfungen sind, denn viele tödliche Krankheiten, wie Tetanus, Polio oder Pocken konnten durch konsequente Impfungen nahezu beseitigt.
Und in geradezu rasender Geschwindigkeit wurde auch ein Impfstoff entwickelt, der eine hohe Wirksamkeit verspricht.

Und was passiert?

Nahezu die Hälfte der Bevölkerung steht einer Impfung kritisch oder ablehnend gegenüber – und das gilt auch und besonders für das medizinische Personal, das die Coronaindfizierten behandelt.
Dabei steht folgendes fest:
Heute haben wir eine Gefährdungslage, in der das Risiko, durch Covid-19 einen schweren Verlauf mit lebenslangen Nachwirkungen zu erleiden oder sogar in Folge dessen zu sterben deutlich höher ist als jedes theoretisch denkbare Risiko, das aus der Impfung erwachsen kann. Angstdiskussionen, in denen Stichworte wie wie Genetik- oder Langzeitfolgen politisch platziert werden, entbehren hier jeder sachlichen Grundlage.

Der Schutz der Gesundheit liegt primär in der Hand des medizinischen Personals. Die hier Arbeitenden tragen eine Verantwortung für die ihnen anvertrauten Menschen. Wer sich in Zeiten einer Pandemie nicht impfen lassen möchte, gefährdet zunächst seine eigene Gesundheit – was seine eigene Entscheidung ist.

Allerdings gefährdet er auch die Gesundheit der ihm anvertrauten Menschen, wenn er nicht zur Eindämmung beiträgt oder womöglich sogar zum Überträger wird.

Hier stellt sich die Frage nach konkurrierenden Rechten und Werten. Abzuwägen ist zwischen der Selbstbestimmung über den eigenen Körper und der effektiven Verhinderung von Todesfällen. Die Freiheit zur Selbstbestimmung erfordert auch einen verantwortungsvollen Umgang mit ihr.

Jürgen Zastrow, Vorsitzender der kassenärztlichen Vereinigung Nordrhein sagt:

"Medizinisches Personal dient der Gesundheit der Menschen, wir sollten nicht die Gesundheit anderer durch eigene irrationale Entscheidungen riskieren.

Um dieses Risiko zu minimieren, muss auch eine Impfpflicht gegen das Coronavirus diskutiert werden – für all jene, die arbeiten, um andere zu schützen. Ihrer Arbeit können sie sonst nicht so nachkommen, wie es nötig wäre.

Wer Flugangst hat, sollte auch kein Pilot werden".

Und das Prinzip des Impfens basiert auch auf der grundlegenden Idee, dass alle ein minimales Risiko für sich selbst in Kauf nehmen, damit sie und alle anderen gemeinsam geschützt sind.

Daher sollte auch jeder, der sich impfen lässt, Privilegien haben, die Impfgegner nicht haben können.

Juristisch ist die Lage klar: sobald zuverlässig feststeht, dass Geimpfte nicht mehr ansteckend sind, darf der Staat nicht mehr in ihre Grundrechte eingreifen.

Wer durch Impfung geschützt ist und andere nicht mehr gefährdet, kann nicht mehr gezwungen werden, eine Maske zu tragen oder in Quarantäne zu gehen.

Es ist die Wiedergewinnung einer Freiheit, die der Staat nur mit guten Gründen einschränken darf.

Noch eindeutiger ist die Lage im privaten Geschäftsleben. Wenn sich eine Reederei oder eine Fluggesellschaft dazu entschließen sollte, nur noch Geimpfte zu befördern, und wenn ein Wirt Gäste abweist, die keinen Impfnachweis vorlegen, dann ist das rechtlich in Ordnung.

Sie dürfen sogar mit dem Hinweis werben: "Hier gibt's Bier nur für Geimpfte".

Verfassungsrechtlich ist eine Differenzierung zwischen Geimpften und Nicht-Geimpften geradezu notwendig.

Das Recht verlangt ja auch in anderen Fällen nicht, auf den Gebrauch von Freiheiten zu verzichten, weil sie nicht allen gleich zukommt.

Oder wollte man einem Menschen, der ein Spenderorgan erhalten hat, verbieten, sein Leben neu zu genießen, weil andere noch auf eine Organspende warten?

Bleibt der Einwand, so werde indirekt eine Impfpflicht eingeführt. Eine Impfpflicht mag politisch nicht gewollt sein – juristisch wäre nichts dagegen einzuwenden.

Seit dem 1. März 2020 ist eine Masernimpfung in Schulen, Kindergärten und Flüchtlingsheimen vorgeschrieben.

Und nun zum Abschluss noch ein Life-Erlebnis aus der sog. Querdenkerszene.

Der bekannte Kabarettist Florian Schroeder war von den Stuttgarter Querdenkern zu einer Kundgebung eingeladen, und er sagte dort Dinge, die die Einladenden sicherlich stark getroffen hat.

Er fragte die Anwesenden: "Seid Ihr der Meinung, dass wir in Deutschland in einer Diktatur ohne Meinungsfreiheit leben?"

Das grölende Ja der Anwesenden erinnerte an die Szene im Dritten Reich, als Göbbels die Menge fragte: "Wollt Ihr den totalen Krieg"?

Schroeder konterte: "Wenn ihr dieser Meinung seid, könnte ich hier heute nicht stehen und meine Meinung sagen und meine Meinung ist, dass wir Masken tragen und Abstand halten müssen.

Meinungsfreiheit ist, dass Ihr das aushaltet, denn Freiheit heißt den anderen akzeptieren. Freiheit ist nicht Verantwortungslosigkeit. Freiheit heisst Respekt haben, heisst vernünftig sein, selber denken und nicht blind anderen Glaubenssätzen folgen.
Ich danke Euch dafür, dass ich Euch das sagen konnte".

## 20.    Epilog

Am Anfang meiner Arbeit habe ich daraufhin gewiesen, dass "Von der Freiheit zur Verantwortung" eine Art Fortsetzung meines 2008 erschienenen Buches "Die verantwortungslose Gesellschaft" sei.

Seinerzeit habe ich mein Hauptaugenmerk darauf gelegt aufzuzeigen, wie verantwortungslos und respektlos die Menschen gegenüber anderen und der Gemeinschaft agieren. Ich habe gezeigt, wie die Menschen sich von den Folgen ihrer Taten lösen, sich entschulden und dabei von pseudowissenschaftlichen Experten unterstützt wurden.

Ob Freud mit seiner Triebtheorie oder Gehirnforscher mit ihren Neuronenmärchen - sie alle hatten nur das Ziel, das menschliche Verhalten zu entschulden, von der Verantwortung frei zu sprechen.

Ich habe daher in diesem Buch einen Appell formuliert, indem ich darauf hinwies, dass jeder Einzelne mit seinem Handeln auch der Gemeinschaft gegenüber verpflichtet ist.

Es war ein Appell an die Einsicht, an die Vernunft der Menschen.

Über 10 Jahre später lässt sich festhalten, dass diese Einsicht noch immer auf sich warten lässt.

Noch immer ist der Eigennutz die absolute Messlatte für das Agieren der Menschen.

Noch immer haben die Menschen nicht begriffen, dass die Freiheit ein kongeniales Spiegelbild hat: die

Verantwortung. Beide bedingen einander gegenseitig.

Das heisst z.B. auf die Corona-Pandemie bezogen, dass sich ein bewusster freiheitsliebender Mensch aus eigener Einsicht in das Notwendige die erforderlichen Selbstbeschränkungen vornimmt und sich so staatliche Vorschriften eigentlich weitestgehend erübrigen.

Leider spricht die Realität eine andere Sprache, aber in einer Gesellschaft, die einem überbordenden Individualismus huldigt, kann das nicht verwundern.

Dennoch gebe ich nicht auf und habe daher ein paar hoffnungsvolle Ansätze aufgezeigt, wie der Mensch seinen Egoismus überwinden oder zumindest relativieren kann und dem Gemeinwohl dienen, das erwiesenermaßen der gesamten Gemeinschaft größeren Nutzen bringt als die Summe aller Egoismen.

Bekanntlich stirbt die Hoffnung zuletzt.

Zeitfracht Medien GmbH
Ferdinand-Jühlke-Straße 7
99095 Erfurt, Deutschland
produktsicherheit@kolibri360.de